Dedicado a:

_____
_____
_____
_____
_____

Para: _____

De: _____

Fecha: _____

JVH
PUBLICATIONS

LA VERDADERA IDENTIDAD

DR. JOSE ZAPICO

Nuestra Visión

Alcanzar las naciones llevando la autenticidad de la revelación de la Palabra de Dios, para incrementar la fe y el conocimiento de todos aquellos que lo anhelan fervientemente; esto, por medio de libros y materiales de audio y DVD

Publicado por
JVH Publications
11830 Miramar Pwky
Miramar, Fl. 33025
Derechos reservados

© 2016 JVH Publications (Spanish edition)
Primera Edición 2016
© 2016 Jose Zapico ©
Todos los derechos reservados.
ISBN 1-59900-043-1
© Jose Zapico. Reservados todos los derechos. Ninguna porción ni parte de esta obra se puede reproducir, ni guardar en un sistema de almacenamiento de información, ni transmitir en ninguna forma por ningún medio (electrónico, mecánico, de fotocopias, grabación, etc.) sin el permiso previo de los editores. La única excepción es en breves citas en reseñas impresas.

Diseño de la portada e interior: Esteban Zapico y Lidia Zapico
Imágenes e ilustraciones: Usadas con permiso de
Shutterstock.com.
Impreso en USA (Printed in USA)
Categoría: Vida Cristiana y Teología

Índice

Prólogo   7

Introducción   13

Capítulo 1   21
Crisis de Identidad en la Sociedad

Capítulo 2   35
La Consecuencia Por Falta de Identidad

Capítulo 3   53
Cómo Recuperar la Identidad Perdida

Capítulo 4   67
La Falsa Identidad de la Iglesia de Laodicea

Capítulo 5   79
La Importancia de la Identidad en Cristo

Capítulo 6   103
Descubriendo Tu Verdadera Identidad

Capítulo 7   117
¡Reconócela!

Capítulo 8   139
Tu Identidad Cristiana

Capítulo 9   155
La Inmoralidad Anula la Auténtica Identidad

Capítulo 10   169
Cómo Ser Libre de los Hábitos Pecaminosos

Capítulo 11   179
El Arrepentimiento Como Código de Seguridad

Capítulo 12   193
Manteniendo la Pureza Moral

Capítulo 13   209
La Verdadera Identidad y el Destino Eterno

Bibliografía   221

PRÓLOGO

Conocer la identidad es una de las cosas más valiosas e importantes del ser humano. Cuando no sabes quién eres, no podrás saber a dónde vas. Como cristianos nacidos de nuevo por la fe en Jesucristo, tenemos una nueva identidad.

Conociendo ésta, también sabrás cuál es el propósito para el que fuiste creado, y entenderás el destino que Dios preparó de antemano para tu vida.

El enemigo sabe muy bien la importancia de tu conocer quién eres en Cristo. Esta es la razón porque siempre ha intentado distorsionar la identidad, pues de esta manera incapacita a los seres humanos para no cumplir el propósito que Dios tiene para ellos. Esta es una de sus maneras de entorpecer la obra de Dios en la Tierra. Para este fin se vale, entre otras cosas, de la mentira, del engaño y de la falsedad.

La persona que está segura de su identidad en Jesucristo y conoce bien el propósito y el diseño de Dios para su vida, no se dejara engañar por las sutilezas y tramas de las tinieblas.

El primer rasgo de identidad perdido es: La Santidad. La palabra "santo" significa "separado, apartado, consagrado, puro". Nuestro Padre y creador, nos llama a identificarnos con Él, a tener su misma i*dentidad:*

"Sed santos, porque yo soy santo" 1 Pedro 1:16.

Cuando Adán y Eva pecaron dejaron de ser santos, ya no se parecían a Dios en semejanza ni en imagen, fueron separados de Él y perdieron su identidad. Escogieron desobedecer por su propia voluntad, ejercieron el derecho de actuar según su libre albedrío e hicieron mal uso de él.

Desde entonces, todo se desordeno, y desde ese momento hasta hoy la humanidad entera ha estado buscando por todas partes, tratando de encontrar respuestas a las muchas interrogantes que le quedaron pendientes sobre su existencia. La humanidad no tiene claro su destino, esta es la razón por la cual existe en estos tiempos más que nunca una crisis de identidad en la mayoría de las personas.

La ignorancia de la palabra de Dios produce crisis de identidad con consecuencias terribles

Jueces. 2:10 RVR1960
Y toda aquella generación también fue reunida a sus padres. Y se levantó después de ellos otra generación que no conocía a Dios, ni la obra que él había hecho por Israel.

Oseas 4:6 RVR1960
Mi pueblo fue destruido, porque le faltó conocimiento. Por cuanto desechaste el conocimiento, yo te echaré del sacerdocio; y porque olvidaste la ley de tu Dios, también yo me olvidaré de tus hijos.

Mas el aprender y vivir según la Palabra trae madurez y consecuencias maravillosas. Es necesario reconocer que hoy en día, hay una profunda crisis de identidad entre los ministros, líderes y los creyentes en general. No hay reverencia por la Palabra de Dios, a la mayoría de los oyentes no les preocupa si lo que se predica o enseña es verdad o mentira, solo que los haga sentir bien y motivados.

Cuando en la falta de identidad te lleva a vivir sin emitir un juicio bíblico a cerca de lo correcto y lo incorrecto, solo se habla opiniones sin fundamento y todo se convierte en una filosofía HUMANA.

Por medio de la lectura de este libro podrás entender que existen ciertas cosas de las que debes despojarte para vivir en la verdadera identidad. Recuerda que la inseguridad se produce a causa de desconocer la Palabra y por ende la real capacidad espiritual se debilita.

Por otra parte existe el peligro de diluir el mensaje de la Biblia, o sea alterando el verdadero evangelio y la manifestación del reino de Dios tienen su propia identidad, y cuando no se hace esto se usurpa a la iglesia de su identidad transformándola en un simple Club social. No puedes caminar hacia delante hasta no saber quién realmente eres en Cristo Jesús.

La identidad es algo tan importante, por lo que se debe de entender que Dios nos creó de una forma particular a cada uno. En el mundo podrán haber millones de millones de personas, pero ninguno será idéntico a otro. El Creador, en su infinita sabiduría, ha hecho que nos diferenciemos de los demás en ciertas cosas; en las huellas digitales, el iris del ojo, la voz y el ADN.

La identidad es un conjunto de características que son propias de una persona y que permiten diferenciarla. Mas como hijos de Dios, queremos parecernos a Él.

Uno de los planes del diablo es robarle y alterarle a los hombres y mujeres la identidad verdadera, para que no puedan saber quiénes son, de modo que nunca puedan verse como el reflejo de la imagen de Dios.

Miles de aquellos que han aceptado a Jesucristo como Señor y Salvador de su vidas, generalmente, no son capaces de entender todas las bendiciones que les han sido otorgadas y continúan sin reconocer la nueva identidad que poseen al tener una nueva vida en Cristo.

Efesios 2:13 RVR1960

12 En aquel tiempo estabais sin Cristo, alejados de la ciudadanía de Israel y ajenos a los pactos de la promesa, sin esperanza y sin Dios en el mundo. 13 Pero ahora en Cristo Jesús, vosotros que en otro tiempo estabais lejos, habéis sido hechos cercanos por la sangre de Cristo.

Es de entender que al nacer de nuevo, tienes vida eterna, estas en el proceso de la santificación, tienes una nueva manera de vivir y además posees una nueva identidad, ya estás completo para poder vivir la vida de abundancia que Cristo te da.

Sólo llegarás a estar pleno y satisfecho cuando encuentres tu verdadera identidad en Cristo. Sí, esa es la misma identidad de los hijos de Dios: miembros de una nación santa, de un pueblo escogido, herederos de las grandezas de Dios, aquellos que son llamados más que vencedores.

El Autor.

INTRODUCCIÓN

¿Por qué cada vez vemos más gente que no sabe lo que quiere? ¿O que nada en la vida los satisface? ¿Por qué hay tanta violencia y discriminación? ¿Por qué cada día hay más divorcios y familias divididas?

Las razones son muchas, pero la raíz de la mayoría de los problemas de nuestra sociedad es la falta de identidad. La vida triunfante de un creyente comienza con una identidad profunda en Cristo.

Nuestra sociedad sufre de falta de identidad, por eso es que las fuerzas del mal se mueven en las grandes industrias del entretenimiento y de los medios para poner en la gente una identidad que no proviene de Dios.

La Palabra de Dios nos dice: *"No améis al mundo, ni las cosas que están en el mundo. Si alguno ama al mundo, el amor del Padre no está en él. Porque todo lo que hay en el mundo, los deseos de la carne, los deseos de los ojos, y la vanagloria de la vida, no proviene del Padre, sino del mundo. Y el mundo pasa, y sus deseos; pero el que hace la*

voluntad de Dios permanece para siempre.
1 Juan 2:15-17 RVR60

El mundo, a través de Babilonia, ofrece una identidad que va en contra de Dios; una identidad materialista y superficial. Cuando la gente no tiene una identidad en Cristo, (no comprenden completamente que son hijos de Dios) eso crea un vacío y una falta de identidad que entonces será sustituida por el mundo.

El espíritu del mundo de este siglo es el de Babilonia. Debes recordar que cuando el pueblo de Judá fue exiliado a Babilonia, 70 años después tuvo la oportunidad de regresar a la tierra de Judá, pero la mayoría no lo hicieron.

La razón fue porque ellos se adaptaron a Babilonia y una vez que estaban acomodados al sistema decidieron no regresar a Judá, aun cuando tuvieron la oportunidad de hacerlo. No solo eso, sino que Dios les habló a través de los profetas que era necesario que regresaran y reconstruyeran las ciudades de Judá, pero muchos no hicieron caso. La comodidad y los placeres que ofrecía Babilonia fueron muy difíciles de rechazar para el pueblo de Dios. Pero Dios usó un remanente que sí regresó a Judá y reconstruyó el Templo y a Jerusalén preparando el camino para la venida del Mesías al mundo.

En estos tiempos finales nos volvemos a encontrar con una situación similar. El mundo tiene mucho que ofrecer; y muchos, hasta los escogidos, prefieren los placeres que éste ofrece en lugar de hacer la voluntad de Dios en sus vidas. Por eso que Juan en una de sus epístolas, le recordaba a los creyentes que todo lo que el mundo ofrece, junto con sus deseos y vanidades pasarán, y que sólo el que hace la voluntad de Dios permanecerá. Es importante poner nuestras prioridades en orden en estos tiempos tan determinantes.

Nuestra prioridad, como fue la de Jesús, es hacer la voluntad del Padre en nuestras vidas. Que nuestro anhelo y deseo sea agradar a Dios sobre todo lo demás. La identidad que Babilonia quiere dar es material y pasajera. Pero la herencia de los hijos de Dios es eterna.

Gálatas 3:29 NTV
Y ahora que pertenecen a Cristo, son verdaderos hijos de Abraham. Son sus

herederos, y la promesa de Dios a Abraham les pertenece a ustedes.

Por medio de Cristo, recibimos la promesa dada a Abraham, y somos herederos con Cristo de todas las bendiciones que provienen del Padre, las cuales son eternas y no se comparan con las vanidades de este mundo.

El cristiano sabio entiende que el mayor tesoro está en la vida eterna con Dios. Unas de las primeras cosas que Babilonia le cambió a los judíos exiliados fueron sus nombres. Pero aunque el nombre de Daniel fue cambiado a Belsasar, él decidió no contaminarse con las costumbres de Babilonia.

El nombre nos da identidad y la identidad que nos da el Padre celestial es más poderosa que la que este mundo nos quiere dar. La identidad de Cristo en nuestras vidas es la señal que nos va a separar de las cosas de este mundo y nos mantendrá enfocados en nuestro llamado.

Dios quiere una generación dispuesta a seguirlo a Él, como lo hizo el remanente de Judá, dispuestos a reconstruir los altares caídos y las murallas destruidas. Un pueblo dispuesto a rechazar al sistema de Babilonia para hacer una gran obra antes de que Jesús venga una vez más a la tierra para establecer su reino.

Esteban Zapico
Pastor de Jóvenes
Ministerio Internacional Jesús Vive Hoy, INC.

CAPÍTULO 1

Crisis de Identidad en la Sociedad

Uno de los más grandes problemas por los que está pasando la sociedad actual es la crisis de identidad. Lo que perciben los seres humanos como identidad es muy distante a lo que la Biblia enseña. En este momento abunda la confusión y el desconocimiento en torno a este tema.

Cuando el enemigo de las almas logra despojar al hombre de su identidad, tiene el control de esa persona.

Alguien que no sepa quién es, será manipulado en su forma de ser, estilo de vida, interrelaciones personales y su moralidad.

Marcos 3:11-12 RVR1960

....*11 Y los espíritus inmundos, al verle, se postraban delante de él, y daban voces, diciendo: Tú eres el Hijo de Dios. 12 Mas él les reprendía mucho para que no le descubriesen.*

Hay una identidad humana, y hay una identidad espiritual.

La Verdadera Identidad

Con respecto al texto que acabas de leer, hay un punto importante para desarrollar. Los demonios sabían quién era Jesús. ¿Por qué? Porque el Señor tenía una identidad no solo física sino espiritual. Es muy importante que sepas quien eres en Dios, pero también saber en qué posición te encuentras en la presencia del Señor.

Lo que permite que alguien se reconozca a sí mismo, es lo que lo define como individuo, e hijo de Dios.

Se tiene conciencia de identidad, porque se tiene memoria, sin ella sería imposible mantener una imagen correcta de sí mismo.

Tu identidad no puede cambiar porque tu genética no puede ser alterada.

Algunas personas dicen que el problema de la inclinación sexual hacia personas del mismo sexo, es a causa de un gen que ha sido alterado. Pero científicamente se sabe que aún no existe una mente humana capaz de entender el genoma humano, y que pueda decir que el ser humano tiene una alteración de un gen que lo incline a ese estado de inmoralidad. Ese tema está descartado medicamente. Hoy en día la identidad del ser humano puede ser influenciada por el medio ambiente que lo rodea. Por ejemplo, si todas las personas opinan que algo es bueno, y se pone de moda, entonces eso genera en la persona sutilmente una aceptación hacia ese modelo que se está implementando, y empezara a pensar que eso es bueno.

Es decir, se va creando la idea de que si una gran mayoría está de acuerdo con un tema, y aun las leyes avalan lo que ese colectivo piensa, entonces esa decisión que se tomo es la correcta.

Dios Padre creó al ser humano con una identidad claramente perfecta, sin embargo, ¿cómo logró el enemigo que el hombre cambiara la forma de percibirse a sí mismo? El enemigo sabe que si a la persona se le cambia la forma de pensar, por la influencia maligna, podrá trastocarle su conducta moral en medio de una sociedad favorable para todo acto degradante y pervertido.

La Biblia establece de una forma clara, que los tiempos de esta generación son los más peligrosos que hayan existido en la tierra.

Aun señala que hay diecinueve tipos de personalidades con una falsa identidad que serán el común denominador en los últimos tiempos, como lo son los amadores de sí mismos, los avaros, los hombres porfiados.

¿Qué Opina Francis S. Collins?

El genetista estadounidense Francis S. Collins, quien fue uno de los científicos que dirigió el proyecto genoma humano, descubrió en la perfección de la genética, la base de unas manos poderosas que creó tal maravilla lo cual lo llevó a una convicción plena reconociendo a Jesucristo como Señor de su vida.

Él tuvo que admitir que el hombre no es el resultado de la casualidad, sino de los diseños divinos de un Dios Todopoderoso.

Cuando el hombre descubre el genoma humano, ha encontrado el camino para entender que el individuo es la consecuencia de una ciencia divina y no de una explosión cósmica. Dios usa la ciencia para afirmar lo que Él ya ha hablado por su Palabra. El genoma humano es lo que le da identidad a cada persona y tiene que ver con su historia genética; la inmoralidad del ser humano no se hereda simplemente, sino que es la consecuencia de un estado de maldición que se va transfiriendo de generación en generación.

¿Qué Es la Identidad Espiritual?

Aquella que te va hacer fuerte para vencer todo aquello que estas confrontando. Los espíritus malignos sabían que Jesús era el hijo de Dios, y el Señor le decía a los espíritus *"...no le digan a nadie quien soy Yo".* Es impresionante ver que los demonios sabían la identidad verdadera de Jesús, mientras que los escribas y fariseos lo rechazaban como el Mesías prometido.

Cuando el ser humano tiene problemas en su identidad espiritual tendrá conflictos con su identidad física; porque no va a tener poder para vencer los ataques en su mente, confundiéndose y creyendo lo que no es. Los espíritus de inmoralidad que rodean este mundo, oprimen a las personas débiles en su personalidad convirtiendo sus vidas físicas y espirituales en cautivos aunque nunca haya sido esa la voluntad de Dios para ellos. La voluntad de Dios es que ninguno perezca, sino que todos procedan al arrepentimiento (2 Pedro 3:9).

La raíz de todos los conflictos humanos es la falta de identidad espiritual. Lo peor que le puede suceder a los creyentes, es el no saber su posición y autoridad en Cristo. Cada uno es un ser espiritual que vive en un cuerpo de carne y sangre. Cuando Dios sopla aliento en el ser humano, coloca en él un espíritu de vida; la espiritualidad rige no solo el interior sino en el exterior. Jesús dijo: *"de la abundancia del corazón, habla la boca".* Cuando lo que sale de la boca de una persona es contaminación, suciedad e inmundicia esto es señal de que la vida espiritual ha sido dañada y alterada. Lo que Cristo quiere hacer en todo creyente, es restaurar también su identidad espiritual.

Si te crees menos que los demás, siempre te estarás escondiendo detrás de otros. Evidentemente lo que se va a ver externamente es el problema serio de lo que está en tu interior.

Hay una diferencia abismal en la genética de un hombre y una mujer. ¿Cómo es posible que el ser humano llegue a confundir eso?

Crisis de Identidad en la Sociedad

Recuerda lo que pasó al principio cuando el hombre se quiso agrupar como una sociedad que no necesitaba de Dios, eso lo encontramos en el libro del Génesis.

Génesis 11: 4 RVR1960

...Y dijeron: Vamos, edifiquémonos una ciudad y una torre, cuya cúspide llegue al cielo; y hagámonos un nombre, por si fuéremos esparcidos sobre la faz de toda la tierra.

El hombre en sus inicios quiso construir una ciudad en forma de torre, una comunidad para llegar al cielo, y poder adorar al dios Baal. El propósito de Nimrod no era buscar la presencia de Dios, sino encontrar un portal espiritual que los comunicaran con la deidad solar que ellos adoraban. Con esto quiero demostrarte que no solo la identidad física (la genética de Adán y Eva fue alterada), sino que también fue trastocada la identidad espiritual. Ya no había la necesidad de adorar al Dios verdadero sino al dios falso Baal, que representaba la confusión y el engaño.

¿Qué es lo que la sociedad está logrando en este momento? ¿No es acaso desvirtuar su concepto de moralidad para unirse y adorar dioses falsos? ¿Qué fue lo que hicieron en

Detroit? Construir una imagen a Satanás y colocar dos niños sonriendo a su lado; es decir, este fue un mensaje subliminal que deja claro que su intención es cambiar la mente de esta generación, queriendo demostrar que él es bueno y ama a los niños. Cuando es el propio Baal que los quiere abortar y destruir antes de nacer, ¡esto es inconcebible!

Dios el Padre eterno, promete la manera de recuperar la identidad distorsionada, a través de Jesucristo su hijo amado. No es por las religiones del mundo, el humanismo, o la filosofía; es por medio de Jesucristo quien no solamente cambia la identidad sino que nos lleva de nuevo a casa del Padre, a la comunión con Dios; a la posición original que debemos tener como hijos de Dios. ¡Todavía hay hombres y mujeres que pueden testificar que esto es verdad!

Cuando Pablo estuvo en Atenas y vio los ídolos de los griegos cito a uno de sus propios poetas diciendo:

Hechos 17: 26-30 NTV
...[26] *"De un solo hombre creó todas las naciones de toda la tierra. De antemano decidió cuándo se levantarían y cuándo*

caerían, y determinó los límites de cada una. ²⁷»Su propósito era que las naciones buscaran a Dios y, quizá acercándose a tientas, lo encontraran; aunque él no está lejos de ninguno de nosotros. ²⁸ Pues en él vivimos, nos movemos y existimos. Como dijeron algunos de sus propios poetas: "Nosotros somos su descendencia". ²⁹ Y, como esto es cierto, no debemos pensar en Dios como un ídolo diseñado por artesanos y hecho de oro, plata o piedra. ³⁰»En la antigüedad Dios pasó por alto la ignorancia de la gente acerca de estas cosas, pero ahora él manda que todo el mundo en todas partes se arrepienta de sus pecados y vuelva a él".

La Identidad Correcta

¿Cómo te da Dios la legítima identidad?

Tu verdadera identidad se llama Jesucristo. No puedes tenerlo a Él y pensar como el mundo piensa, amar lo que el mundo ama y oír lo que el mundo oye. Tiene que existir una marcada diferencia entre ti y el mundo.

Efesios 4:23-24 RVR1960

..."y renovaos en el espíritu de vuestra mente, ²⁴ y vestíos del nuevo hombre, creado según

Dios en la justicia y santidad de la verdad".

Romanos 8:29 RVR1960
"Porque a los que antes conoció, también los predestinó para que fuesen hechos conformes a la imagen de su Hijo, para que él sea el primogénito entre muchos hermanos".

A lo que se refieren estos textos bíblicos es que la identidad humana se va restaurando cuanto mayor conocimiento de Dios haya en una vida. Si no eres regenerado de gloria en gloria y perfeccionado a la imagen de Cristo, puedes correr el riesgo de caminar como un vagabundo espiritual sin identidad. Romanos 12:1 explica de cómo cada día tienes que renovar tu mente para ir adoptando la identidad de Cristo.

Dios te quiere devolver a la casa del Padre.

Él quiere que sepas cuál es tu verdadera identidad, tu herencia, tu destino. Todo lo que es del Señor también te pertenece, incluyendo la vida eterna. Una nueva vida, requiere una nueva identidad. El Señor te va a llevar a una transición de vida nueva y a una identidad restaurada con Cristo por la fe que tienes en Él. Esto no quiere decir que te estarás cambiando de una antigua religión a una nueva, lo que significa es que Cristo viene a morar contigo y te imparte una nueva vida dándote la única y verdadera identidad que te comunica con tu Padre Celestial, quien es el único Dios Todopoderoso.

CAPÍTULO 2

La Consecuencia Por Falta de Identidad

En este momento el mundo entero está confrontando una pérdida de identidad. Millones de habitantes en la tierra no conocen el propósito por el cual nacieron y existen. Hay una identidad "falsa" que la gente cree que está bien adoptar, pero está basada en tendencias equivocadas.

En los diferentes medios de comunicación cada vez más se puede ver que se divulga este eslogan: ..."*no es lo que tú eres, sino lo que quieras ser*". Sin embargo analicemos esta palabra verdadera:

Colosenses 1:15-20 NTV
...*15 "Cristo es la imagen visible del Dios invisible. Él ya existía antes de que las cosas fueran creadas y es supremo sobre toda la creación 16 porque, por medio de él, Dios creó todo lo que existe en los lugares celestiales y en la tierra. Hizo las cosas que podemos ver y las que no podemos ver, tales como tronos, reinos, gobernantes y autoridades del mundo invisible. Todo fue creado por medio de él y para él. 17 Él ya existía antes de todas las*

cosas y mantiene unida toda la creación. [18] Cristo también es la cabeza de la iglesia, la cual es su cuerpo. Él es el principio, supremo sobre todos los que se levantan de los muertos. Así que él es el primero en todo. [19] Pues a Dios, en toda su plenitud, le agradó vivir en Cristo, [20] y por medio de él, Dios reconcilió consigo todas las cosas. Hizo la paz con todo lo que existe en el cielo y en la tierra, por medio de la sangre de Cristo en la cruz".

¿Qué Es la Verdadera Identidad?

De acuerdo con el diccionario: es el carácter peculiar o la personalidad de cada individuo. Recuerda que, cada persona ha sido creada con propósitos en Dios, y dentro de esa identidad, Él ha establecido en cada uno, carácter y personalidad.

Cuando hay una falsa identidad, hay un falso carácter y por ende una falsa personalidad.

Esto se debe a que el pecado ha distorsionado la verdadera identidad que Dios ha forjado en cada vida. Las consecuencias de tener una falsa de identidad son la alteración del verdadero carácter y personalidad que cada uno debe tener de acuerdo con los propósitos divinos de Dios. El milagro del nuevo nacimiento en cada persona que ha reconocido a Jesús como Su Señor y Salvador, debe traer un cambio en el carácter (que es incorrecto y deformado por el pecado) y por consiguiente recibir la identidad correcta según el modelo de Cristo y no de la naturaleza caída.

La mayoría de los humanos tienen crisis de identidad. No hay una identidad definida.

Pareciera que el enemigo del alma se aprovecha de esta carencia y la aumenta. Hoy en día se están diseñando pasaportes donde hay que colocar el género con el cual la persona nació, pero si por algún motivo no se identifican con ese género, se pueden definir como *neutro*. Eso significa que la persona no sabe que es, ni una cosa ni la otra. La identidad del ser humano, está pasando por una crisis, que no deja de ser una estrategia del engaño infernal de los últimos días.

Hay dos tipos de identidad:
1. Biológica
2. Espiritual

La identidad con la que el hombre nace es

trastornada por la naturaleza caída y el pecado, y por ende afecta la conducta cuando la persona se va desarrollando. No solo el pecado cambia la conducta, el carácter, la personalidad, los instintos, sino también lo que desea o apetece en la vida. Justamente este trastorno de lo que carece de acuerdo con el plan y objetivo de Dios, es fomentado la mayoría de las veces desde la infancia.

La gran pregunta de la humanidad, es ¿para qué vine al mundo, y por qué he nacido?

La humanidad fue creada para tener una identidad, Dios no creó Adán y a Eva en el huerto del Edén para dejarlos sin un objetivo claro. Él no les dijo: *"arréglenselas como puedan, pues esto es asunto de ustedes."* No, Dios los estableció con un plan, un diseño. Él los creó para que aprendieran a confiar en lo preparado para ellos de antemano.

Cuando no hay una identidad de lo que eres en Dios es difícil que se pueda depender totalmente en Él. Muchos en esta hora están presionados por las exigencias del mundo, pues escuchan más las voces de afuera, que la Palabra viva de Dios. Para muchos es más fácil caminar hacia donde van las multitudes, que saber lo que Dios quiere que se haga. Pocos buscan hacer la voluntad de El en sus vidas.

La humanidad fue creada con una identidad y la falta de esa identidad, genera confusión.

El mundo está confundido, los jóvenes y niños no saben quiénes son, y una parte de la Iglesia esta engañada pues ha perdido su identidad en la adoración, alabanza, oración, o en la forma como se alcanza la gente para Jesucristo.

Pase lo que pase, tu identidad no puede ser alterada por los planes que el enemigo tenga en contra de la humanidad.

A fin de que los humanos no tengan un concepto erróneo de sí mismos, es necesario llegar a ciertas instituciones tales como la familia y la comunidad para decirles que es lo que el propósito divino estableció para ellas.

La falta de identidad está provocando un tsunami que está tratando de destruir las familias, que es la base de la sociedad. Mientras que la falsa identidad te lleva a ser esclavo del mal carácter, Dios quiere que

La Verdadera Identidad

entiendas que hay una identidad a la que Él quiere llevarte, para que seas fuerte cuando otros están debilitados. Tú eres llamado a ser un vencedor sin importar lo que el mundo haga.

Una pregunta que se puede plantear en esta hora es: ¿qué te da identidad de pertenecer a una familia? El apellido. Cada apellido se identifica con una familia en particular. Tu nombre es una identificación personal y el apellido es un distintivo que marca la diferencia. La falta de identidad en una persona se puede generar por aquellos que fueron abandonados, por los que fueron adoptados, o por los que nunca conocieron a su padre o madre biológicos. Muchas familias están al borde de la desaparición, por una mentalidad falsa que nada tiene que ver con la voluntad de Dios.

Muchas familias crearon comunidades y viven en determinadas regiones en sus países.

Muchos determinaron mantener puro su linaje, pues no se casaban con personas que vivieran fuera de su grupo o clan. Hoy existen muchos tipos de identidad: cultural, nacional, racial o de género, todo esto está llevando a la

La Consecuencia Por Falta de Identidad

humanidad a una intensa crisis en relación a la identidad correcta. Todo esto es una forma equivocada pues no es el concepto que la Biblia revela. Hay gente con muchos prejuicios, pues están muy confundidos. Los seres humanos viven en estados de desórdenes, distorsionando los conceptos, principios y parámetros divinos y esta condición impide en manera directa que los propósitos diseñados desde la eternidad nunca lleguen a manifestarse. Si Satanás logra confundir y colocar en la persona una falsa identidad la confundirá y le hará sentirse rechazado o con baja autoestima, pues una carencia de la misma afectará sus emociones y aún su salud física.

Es asombroso que la humanidad esté dispuesta a morir por estas falsas identidades y que nunca conozcan el propósito real y verdadero de Dios en sus vidas.

El vivir una vida degradada y lejos de la voluntad de Dios, traerá como consecuencia: frustración, derrota, debilidad. La falsa identidad que heredaste generacionalmente no tiene nada que ver con la identidad que Cristo a través de su muerte y resurrección, te dará, y en lugar de respirar muerte podrás respirar vida; y en lugar de ser vencido, serás vencedor.

En muchas comunidades hay deseo por desintegrar lo que se conoce comúnmente como la familia tradicional; cuando hay un divorcio o una separación muchas veces las personas argumentan que hay "incompatibilidad de caracteres", son excusas que salen a relucir porque hay batallas que las familias no saben librar y que son el resultado de una crisis de identidad. Es importante saber cuál es tu identidad en Cristo para que no seas víctima de ataques irreversibles.

La Identidad en la Numerología

Durante la segunda guerra mundial, cuando los presos judíos fueron perseguidos recibían un número de identificación personal, con una marca. Ellos eran despojados de sus nombres, de su nacionalidad y hasta de sus creencias. La crisis de identidad es una confusión mental, psicológica, humanística y es un trastorno que ataca a cualquier edad debido a los conflictos, exigencias y presiones del mundo. Para el enemigo el ser humano es simplemente un número más. Por eso en el tiempo apocalíptico serán sellados con una marca. El número 666 es un código perfecto que el enemigo encontró. El número es una falsa identidad que el mundo tiene. En muchas congregaciones la gente es un número. Hay muchas personas que han perdido su identidad y no saben quiénes son; por eso hay que afirmarlos en la Palabra, y que se edifiquen en la roca que es Cristo para que cuando la gente se convierta, el concepto de una falta de identidad sea cambiada por la identidad correcta que el Padre da a los perdonados y limpiados por la Sangre del Cordero.

Recibir y tener una correcta identidad te va a guardar de ser derrotado en una confrontación espiritual. Muchas personas quedan atrapadas en el pasado y a todo lo que eso les recuerda. Mucha gente se aferra a lo que tienen guardado en su casa o en sus pensamientos. Siempre recuerdan lo que eran y llegan a idolatrar un estilo de vida. En Rusia, Stalin, lo primero que hizo fue quitarle a toda la población sus recuerdos. Los despojó de todo lo que tenían.

Cuando la gente tiene una falsa identidad, Satanás les roba todo, aún el principio de honestidad. Si alguien es apresado, no lo dejan entrar con su ropa, sino que le quitan todo y le colocan un uniforme. Se quedan sin una identidad a la cual aferrarse. Despojar a una persona de su identidad es la vía más rápida para controlar, manipular, y mantener engañada a esa vida.

¿Hacia dónde conduce todo esto? ¿Quién puede dar una genuina y verdadera identidad espiritual?

La falta de identidad hace esclavos a las personas y les roba las bendiciones. Las personas adictas a las cirugías y a cambiarse su físico porque no se sienten bien consigo mismas, no les importa cuántas cirugías se hagan, su problema sigue siendo espiritual. Dios creó a Adán y Eva con una identidad. Cuando Jesús nació en Belén, en Lucas 3 se nos da su genealogía. Él nació con un propósito, el Padre lo había enviado y venia de una descendencia, que Satanás quiso destruir; la línea genealógica por la cual nacería el Salvador del mundo según las profecías. Cuando Adán y Eva fueron engañados, a partir de ese momento fue distorsionada no solo la identidad de ellos, sino la de toda la raza humana. En el jardín del Edén lo primero que se robó fue la identidad. Es evidente que estaban vestidos con una vestidura celestial como la de los ángeles y cuando perdieron su identidad, se vieron así mismo desnudos. Cuando determinaron escuchar a la serpiente, entraron en rebelión, a la vez fueron despojados de todo.

¿Cómo resuelve Dios el Padre, el problema de la vestidura perdida de la identidad humana?

Adán y Eva, intentaron vestirse con hojas de higuera. Pero aun así delante de los ojos de Dios estaban desnudos. Lo único que el Padre aceptaría es el modelo que Él mismo diseñó; Dios hizo un sacrificio, el primero del que se habla en la Biblia, el primer sacrificio lo hizo Dios para cubrir al hombre y a la mujer. Los vistió con pieles de animales. Los cubrió porque habían fallado, y estaban a punto de ser echados del huerto. Era una forma de protegerlos porque si no lo hacía, Satanás tomaría más furia sobre ellos.

El hombre a través de la historia de la humanidad ha intentado cubrirse de la manera equivocada. Lo ha hecho a través de sus religiones, su idolatría y paganismo, sus prácticas erróneas, y aún el hombre sigue desnudo, intentando cubrirse simplemente con unas hojas; pero lo que Dios hizo en el jardín del Edén era una figura profética de lo que haría en el futuro en la Cruz del Calvario. Solo Dios pudo cubrir al hombre y la mujer, y aunque los sacrificios y el derramamiento de sangre no les quitaban el pecado, los cubría en cierta manera.

Dios quiere quitar el pecado que te agobia y que ya dejes de estar desnudo, y que te cubras con la vestidura que el Padre forjó en la cruz por el sacrificio de Cristo.

Cuando recibes a Jesús en el corazón, Él pone en ti el vestido de gracia porque cada uno de tus pecados han sido perdonados. El diablo ya no podrá hacer lo que antes hacía, pues te ve vestido con vestiduras de gracia. Si por algún motivo intentas quitarte el vestido de gracia que traes puesto, Satanás te haría harapos, y te destruiría por completo. Lo que te cubre es lo que te da la identidad espiritual correcta y te hace entender que Satanás no puede destruirte porque estas vestido y él no puede atacar y dañar a los que están correctamente cubiertos sino solamente a los que están desnudos para hacerlos sus esclavos.

La Consecuencia Por Falta de Identidad

Si en algún momento perdiste tu investidura de gracia, recupéralo en esta hora porque para ti, la consecuencia de una falsa identidad será terrible. Si te mantienes vestido de gracia, cuando Él te lleve, hará una mudanza y te quitara el vestido de gracia, por vestidura de novia, de lino fino, blanco y resplandeciente porque ya estarás preparado para la eternidad.

Hay momentos en la vida en los que Satanás trae conflicto, opresión y muchos caen en derrota y fracaso, perdiendo inevitablemente la vestidura original con la que Dios los vistió. Hay momentos en los que Satanás trata de presionarte, trayendo conflictos y desajustes a tu vida. Es allí cuando el enemigo te puede atacar y debilitar; pero el Señor quiere liberarte y que camines no como un esclavo, sino como una persona libre por el Poder de Jesucristo. Ven al Señor; pídele que te vista con las vestiduras de las que fuiste despojado por el pecado, y que te ponga nuevamente las vestiduras de gracia, para que seas investido con la identidad de Cristo.

¿Te has debilitado en tu vida espiritual, y te preguntas el porqué de ello?

...es quizás, porque intentas hacer las cosas a tu manera... si sabes que Dios es Todopoderoso para hacer las cosas mejor que tú, ¿porque intentar cambiar con tus fuerzas humanas, cuando en realidad es imposible? Posiblemente te estés escondiendo detrás de un árbol como Adán, o de tu propia justificación y dices: "al fin y al cabo yo no soy tan malo como aquel..." aquí el asunto es decirle a Dios: *"perdóname, me he equivocado, tengo un concepto equivocado de mí, pienso que no necesito de nada ni de nadie, cuando en verdad, te necesito con todo mi corazón".*

Cuando intentas hacer las cosas a tu manera, te quitas las vestiduras con las que estás vestido, y ese es el momento exacto que Satanás está esperando. Que te despojes de lo verdadero de Dios, para vestirte de una falsa identidad.

Te invito a que hagas esta Oración:

"Padre, gracias porque no soy un número más, no soy el resultado de una coincidencia, soy el resultado de un diseño divino, formado y creado por tus propias manos, no soy lo que el mundo piensa, ni lo que el diablo quiere que sea. Tu me llamas por mi nombre

personal y solo tú por medio del sacrificio perfecto de mi Señor y Salvador Jesucristo me has otorgado la verdadera Identidad."

CAPÍTULO 3

Cómo Recuperar la Identidad Perdida

En los Estados Unidos es muy usual colocarle un nombre determinado a cada generación. ¿Sabías que en este país hay seis generaciones de manera correlativa que han sido definidas? Analicemos esto por un momento:

1.-La generación, "GI" entre 1901-1926.
2.-La generación "mature" va entre 1927-1945.
3.-La generación, "baby boomers" entre 1946-1964 (o la generación de la posguerra).
4.-La generación, "X" entre 1965 a 1980.
5.-La generación, "Y" o la del "Milenio", entre 1981- 2000.
6.-La sexta generación, "Z" o los "ligeros booms" desde el año 2001 en adelante.

Esta última generación ha marcado la diferencia entre las cinco generaciones anteriores. En cada una de ellas han habido transformaciones, pero en esta última es donde más cambios se han producido, es la

La Verdadera Identidad

generación que ha perdido "*la identidad*", viven confusos con relación a quienes son y a donde van.

En la historia de la humanidad no ha habido una generación como la que estamos mencionando. Hay una falta de definición correcta de la verdadera identidad, y acerca de sí mismos. La inestabilidad económica, familiar y la demasiada fantasía que ha traído el acceso a la revolución tecnológica, ha trastornado el verdadero propósito de la vida y ha creado un abismo de separación entre lo espiritual y lo fantasioso; razón por la que "el yo" ha tomado el control en el corazón haciéndole creer que no necesita al Creador.

Desde el inicio de la creación hubo el ataque contra la identidad del ser humano.

En el huerto del Edén, Satanás logro elaborar una estrategia sutil para robar la identidad original del ser humano. Allí, tanto el hombre como la mujer perdieron la imagen y semejanza de Dios a consecuencia del pecado y esto produjo una alteración en su genética y en todo lo que el Todopoderoso había creado perfecto en ellos.

Indudablemente el plan de las tinieblas contra la humanidad se llevó a cabo; la identidad fue completamente distorsionada, mientras que el ser humano, contrajo en sí mismo muerte y degradación.

Hoy, el ataque contra la identidad continua.

Es muy evidente que en esta generación del siglo XXI, ha sido destacada por los adelantos tecnológicos y científicos; sin embargo, no se puede negar e ignorar, que ha sido donde ha habido más degradación, desviación moral y falta de ética en todos los ámbitos. Es como retroceder el tiempo, cuando la humanidad estaba inclinada de continuo al mal, de acuerdo a lo descrito por la Palabra de Dios en el libro del Génesis.

Cuando hablo de identidad, no solo me refiero a las huellas dactilares, sino a las características específicas de cada persona en sí. Dios ha asignado sobre cada uno un propósito y un plan único en forma particular.

Lo que Dios ha diseñado hacer con una persona es algo único e individual; el Señor opera con cada uno en una forma extraordinaria.

El regalo de Dios es una mente renovada, un corazón nuevo, un cuerpo sano.

Todo esto fortalecido por la gracia del Espíritu Santo. Cuando descubres quien eres en Cristo y que has recibido autoridad para ser victorioso sobre toda obra de maldad, podrás ir en contra del enemigo con el poder del Nombre de Jesús.

Recuerda que Jesús vino en un cuerpo humano pero sin conocer, ni practicar jamás el pecado.

Te invito a que observes las condiciones en las que Él nació.
- Su nacimiento no fue favorable, y su familia no era pudiente (Él nació en un pesebre).
- La situación política en esa época, era muy dura, porque su país estaba regido bajo el oprobio del Imperio Romano.

- Creció en Nazaret, en donde la Biblia dice que de ahí nada bueno saldría (Juan 1:46).
- Cuando el ángel le dijo a María, que lo que había en su vientre era del Espíritu Santo, la familia y los líderes religiosos murmuraron, dudando de su virtud.

A pesar de estas condiciones desfavorables, la identidad del ser que se gestaba en el vientre de María, no fue afectada ni perdió su valor. Jesús siempre supo quién era, y por qué había venido al mundo. Él era plenamente consciente de cuál era su propósito al venir a la tierra, conocía la voluntad y plan diseñado por Dios su Padre, el cual se cumpliría en su vida para dar salvación a la humanidad.

No puedes perder tu identidad por las condiciones en las que hayas nacido, o por lo que estés enfrentando en estos momentos. Si conoces la razón por la cual Cristo te salvó, vivirás una vida de victoria total y no de una derrota constante.

Es importante que disciernas plenamente la razón prioritaria del porque Cristo te

La Verdadera Identidad

perdonó, sin dejar de entender que te dio su gracia salvadora, aun cuando eras débil, y tus pensamientos no estaban alineados a la mente de Dios. ¡Hoy tienes que saber quién eres en Cristo! Al depositar tu confianza en Él te dará plena certeza de recuperar lo que Adán como el primer hombre, perdió.

En el mismo momento en que recuperas tu identidad ya no serás lo que el enemigo quiere que seas, esclavo del pecado y dominado por las obras de maldad, pues tendrás la identidad de Cristo, y sabrás que todo lo podrás hacer porque Él te fortalece.

Lo primero que el Espíritu Santo quiere que entiendas es que Dios no quiere que tú imites a otros para sentirte mejor. ¡Se siempre tú mismo! Puedes ser influenciado en la fe y la fidelidad de otros, pero en el Señor debes tener tu propia identidad basada en quien eres en Cristo. Pide siempre lo que Él tiene preparado para ti, camina en la activación de sus promesas.

Recuerda este ejemplo: ¿Cuál era el modelo a seguir del Apóstol Pablo? ¿Acaso él no dijo:

..sed imitadores de mí, como yo de Cristo? Fue al mismo Señor, a quien amaba y servía.

La Incertidumbre de Hoy

Cuando hablo con la gente, constantemente les pregunto:
¿Qué planes tienes?
¿Cuáles son los sueños de Dios en ti?

La mayoría no saben qué responderme, especialmente cuando les pregunto quiénes son en Dios, porque no saben qué hacer en un futuro cercano. Necesitan guía, es como una sociedad sin metas, muy inconstante. Piensa esto: si estás en Cristo, recibirás identidad y serás libre de la inestabilidad. La Biblia dice que: *"Si el hijo del hombre te libertare serás completamente libre".* El que tiene identidad plena en Jesús, será libre de frustraciones y de falta de identidad. Si no sabes cuál es el destino de Dios para ti, vivirás modelos equivocados.

Muchos jóvenes buscan imitar a personajes ricos y famosos del mundo, esto sucede porque no hay suficientes "modelos a seguir", personas integras en su liderazgo que traiga una imagen genuina del Salvador para seguir e imitar. Cuando tú tienes una identidad recuperada por medio de Cristo, Dios te proveerá el pastor o apóstol genuino que te guiará a imitar al único modelo a seguir que es Cristo. Él es un amigo eterno, que nunca te dejará, debes seguirlo en amor, fidelidad y lealtad a Él y a su Palabra. Tu modelo de identidad recuperada se debe llamar únicamente Jesucristo, porque Él nunca te fallará.

Colosenses 1:15 NTV
"Cristo es la imagen visible del Dios invisible. Él ya existía antes de que las cosas fueran creadas y es supremo sobre toda la creación".

¿Qué se Recupera en Jesucristo?

Se recupera la familia perdida. La falta de identidad está provocando un tsunami que está tratando de destruir las familias, que es la base de la sociedad. Mientras que la falsa identidad te lleva a ser esclavo del mal carácter, Dios quiere que entiendas que hay una identidad a la que Él quiere llevarte, para que seas fuerte cuando otros se debilitan.

Tú eres llamado a ser un vencedor sin importar lo que el mundo haga. Muchas familias están al borde de la desaparición, por una mentalidad falsa que nada tiene que ver con la voluntad de Dios.

En muchas comunidades hay deseo por desintegrar lo que se conoce comúnmente como la familia tradicional; cuando hay un divorcio o una separación muchas veces las personas argumentan que hay incompatibilidad de caracteres, sin embargo son excusas que salen a relucir porque hay batallas que las familias no saben librar y que son el resultado de una crisis de identidad.

Mucha gente está en busca de una identidad perdida. En Jesucristo hay esperanza para que todo hombre y mujer pueda recuperar la identidad genuina y verdadera. La imagen y la semejanza con la que Dios te creo. Eres parte de un pueblo escogido y más que vencedor en Cristo Jesús.

La Verdadera Identidad

Romanos 5:19 NTV

"Por uno solo que desobedeció a Dios, muchos pasaron a ser pecadores; pero por uno solo que obedeció a Dios, muchos serán declarados justos".

La Biblia dice que por más que te esfuerces en ser fiel y obediente a Dios, si sigues teniendo una falsa identidad será imposible lograrlo. La naturaleza caída había adoptado una condición de pecado que a partir de allí seria inclinada a la desobediencia. Cuando se escoge por sí mismo se escoge mal; el ser humano siempre tiende a equivocarse cuando escoge. Adán transmitió el pecado a sus hijos y estos a todos los hombres. Ya el pecado estaba en los genes. La genética fue alterada y por eso se necesita que la Sangre de Cristo que es Santa y perfecta, te limpie de toda contaminación.

Génesis 3:3-5 NTV

³ Es solo del fruto del árbol que está en medio del huerto del que no se nos permite comer. Dios dijo: "No deben comerlo, ni siquiera tocarlo; si lo hacen, morirán". ⁴ —¡No morirán! —Respondió la serpiente a la mujer—. ⁵ Dios sabe que, en cuanto coman del fruto, se les abrirán los ojos y serán como Dios, con el conocimiento del bien y del mal.

Cuando Satanás los seduce, ellos son engañados y logra distorsionar la identidad con la que ellos habían sido creados por Dios para vivir eternamente y no para morir. Tenían la genética correcta, el ADN perfecto, pero todo fue alterado como consecuencia de la desobediencia ante su Presencia.

Esto te enseña que cuando el hombre desobedece a Dios todo es alterado y confundido. El propósito del diablo es lograr que tú pierdas el diseño y el plan por el cual has sido creado.

Salmo 51:5 NTV
"Pues soy pecador de nacimiento, así es, desde el momento en que me concibió mi madre".

El pecado degeneró todos los aspectos de la vida del hombre. Cuando Dios te ve en pecado, apartado, lejos de Él, en tu propio caminar; te mira con una identidad que no es la tuya sino con la que el enemigo te dio; pero para eso aparece Cristo, el Hijo de Dios, para darte la identidad correcta y deshacer todos los planes de iniquidad sobre tu vida. Lo que el amor inagotable y perfecto de un Dios Todopoderoso ha hecho es que nuestra identidad sea restaurada. Jesús estuvo dispuesto a pagar el precio para restaurar todas las cosas, y que el diablo ya no te vea con una identidad falsa, sino con la identidad correcta; con una nueva autoridad que fortalece tu ser interior.

La identidad del matrimonio esta en Dios quien fue que lo formo y los bendijo para que fueran uno. Cada uno debe de tomar su rol para formar esas partes que se unen. Este plan de Dios maravilloso no se ha acabado, Cristo lo vino a reafirmar cuando murió por su amada Iglesia. Mientras el enemigo vino para matar y destruir, cada uno es responsable de mantener la armonía celestial en cada hogar.

CAPÍTULO 4

La Falsa Identidad de la Iglesia de Laodicea

Una de las cosas que lamentablemente está sucediendo en estos tiempos, es que los fieles del Señor es están confrontando con la falsa Iglesia, aquella que se dice creer en Jesucristo pero ha perdido su identidad.

Apocalipsis 3: 16-18 NTV

[16]pero ya que eres tibio, ni frío ni caliente, ¡te escupiré de mi boca! [17] Tú dices: "Soy rico, tengo todo lo que quiero, ¡no necesito nada!". Y no te das cuenta de que eres un infeliz y un miserable; eres pobre, ciego y estás desnudo. [18] Así que te aconsejo que de mí compres oro —un oro purificado por fuego— y entonces serás rico. Compra también ropas blancas de mí, así no tendrás vergüenza por tu desnudez, y compra ungüento para tus ojos, para que así puedas ver.

En estos textos bíblicos es Jesucristo mismo el que habla, y se refiere a una Iglesia que los que profesaban la fe, estaban tibios. Todos ellos vivían indiferentes, le daba lo mismo una cosa que la otra. Eso abre la puerta a la tolerancia. El creyente se convierte en insípido e inútil. Como la sal que ya no hace su trabajo y no sirve para nada. A Dios no le sirve un cristiano, así por eso lo saca del cuerpo. Por eso en este momento hay tanta gente yendo de congregación en congregación, tratando de oír algo que sea agradable a sus oídos, evitando oír lo que realmente Dios les quiere hablar. Cuando las personas solo buscan sentirse bien cómodos en algún lugar, es para acallar su propia conciencia; lamentablemente nunca se van a desarrollar espiritualmente, hasta que se mueren por desnutrición espiritual.

No se necesita ser un teólogo en la Palabra para comprender que hemos llegado a una era en que la Iglesia esta tibia como Laodicea.

Una de las cosas que hay que entender es que esta generación esta espiritualmente tibia. La pérdida de identidad produce ceguera y sordera espiritual. La gente ya no coloca su mirada en Cristo y en su Palabra sino en cualquier cosa instantánea que nada más satisfaga sus necesidades personales. Sin embargo, Jesús habla diciendo:

Apocalipsis 3:19-21 NTV
...*19 "Yo corrijo y disciplino a todos los que*

amo. *Por lo tanto, sé diligente y arrepiéntete de tu indiferencia* [20]» *¡Mira! Yo estoy a la puerta y llamo. Si oyes mi voz y abres la puerta, yo entraré y cenaremos juntos como amigos.* [21] *Todos los que salgan vencedores se sentarán conmigo en mi trono, tal como yo salí vencedor y me senté con mi Padre en su trono.*

Jesús advierte *que el que tenga oídos, oiga lo que Dios está hablando a su Iglesia* por medio del Espíritu Santo. El evangelio no es una práctica religiosa, sino que es un estilo de vida; hay que seguir las instrucciones de la Palabra lo cual nos hace aptos para presentarnos delante de Dios.

Las personas que están en apostasía se justifican a sí mismas afirmando que las miles de personas que llenan sus templos dan testimonio de que todo está bien. Quiero decirte algo, el hecho de que haya multitudes en una Iglesia, no certifica que lo que se hace ahí es correcto.

La mentira de las iglesias con un estilo como la iglesia de "Laodicea", es hacer creer a las personas que viven una vida agradable a Dios, cuando la verdad es lo contrario. No se dan cuenta que el Señor Jesucristo regresará en cualquier momento y los que no han dado fruto no se irán con Él. Lo más alarmante es que hay personas que han crecido en el fundamento sólido del evangelio y ahora están compartiendo y aceptando esa falsa identidad basadas en una forma de ser "iglesia" que no es la verdadera, porque dice que el Señor la vomitará de su boca. A Dios no lo conmueve las multitudes, porque muchos se esconden detrás de las masas, aparentando una espiritualidad que no tienen. La Iglesia *tibia* representada en la Laodicea, nunca estará capacitada para tener poder y autoridad para confrontar las tinieblas. Este estilo de Iglesia que tiene una falsa identidad está destinada a ser echada del cuerpo de Cristo.

Jesús dijo que como *está ciega* no puede ser el vehículo de Cristo en la tierra.

Ella se convierte en motivo de ira y aborrecimiento. La Iglesia verdadera de Cristo es triunfante, despreciada por el mundo, perseguida por los demás, pero está protegida porque sigue fiel a Dios Todopoderoso. Esta Iglesia se diferencia de las demás, porque sabe que es vivir caminando al lado de Dios, y conoce la pureza y la santidad. También sabe caminar en la revelación de la luz y no en las sombras de las tinieblas.

Disfrutan de un discernir espiritual, porque cuanto más buscan de Dios, se puede ver la diferencia entre la luz y las tinieblas.

La verdadera Iglesia no se jacta de lo que tiene, sino que es invisible, y anhela con expectación que el Señor venga pronto. La Iglesia que espera con ansias el retorno del Señor gime delante de la Presencia de Dios, para que Él regrese por causa de la maldad en la tierra; hay demasiados abusos hacia los niños, y la sociedad en general está cada vez más degradada y pervertida. La Iglesia verdadera no puede mezclarse con el proceder del mundo, porque al único que quiere agradar es a Dios, conforme los mandamientos de su Palabra. Lamentablemente, en esta época muchos están más preocupados por lo que el mundo piensa de ellos, y por agradar a los demás que por obedecer lo que dice el Espíritu Santo.

Cuando dejas de temer a Dios, y la Palabra ya no tiene ningún efecto en tu vida, estás en un grave peligro, estás entrando en el grado de tibieza. La Biblia dice:

Juan 15:18-19 RVR1960
18 Si el mundo os aborrece, sabed que a mí me ha aborrecido antes que a vosotros. 19 Si fuerais del mundo, el mundo amaría lo suyo; pero porque no sois del mundo, antes yo os elegí del mundo, por eso el mundo os aborrece.

Lucas 21:12 RVR1960
"Pero antes de todas estas cosas os echarán mano, y os perseguirán, y os entregarán a las sinagogas y a las cárceles, y seréis llevados ante reyes y ante gobernadores por causa de mi nombre".

La Persecución Continua

Por muchos siglos, hombres y mujeres de Dios, han sido quemados en la hoguera, y sacrificados como lo vemos ahora en el Medio Oriente. En China hace poco destruyeron treinta templos, y en algunos lugares de México, como Chiapas, las Iglesias cristianas evangélicas son quemadas. En Nigeria, Somalia y otras partes del mundo continúan las muertes y destrucción de iglesias. La Biblia dice *"todos los que quieran vivir piadosamente en Cristo Jesús padecerán persecución".* Pero lo más importante de resaltar es que también dice, *"los que amen su vida la perderán, pero los que la aborrecen, a causa de mí, la ganaran".* El mundo dice: "ama tu vida, protege tu vida, busca estar resguardado tú, no importa lo que los otros pasen". La Iglesia sin identidad aprueba y acepta líderes que están a tono con el mundo. Un hombre piadoso, de alguna manera sufrirá pruebas, persecución, difamaciones. Jesús dijo: *"ay de vosotros, cuando todos los hombres hablen bien de ti, porque así hacían sus padres con los falsos profetas".*

Si un cristiano acepta obrar conforme el ejemplo de la Iglesia en Laodicea, solo puede ser el resultado, de haber negado la cruz y la sangre que Jesús derramo en ella. La Iglesia de Laodicea perdió la compasión; el Espíritu de Cristo no estaba en ellos. Hoy es lo mismo, no hay compasión por el dolor de otras persona, la humanidad se ha acostumbrado a ello.

La Iglesia verdadera es la que ora, clama, y se identifica con el dolor ajeno; es la que quiere ver a las almas libres del abuso, la violencia y el abandono.

La Iglesia de Laodicea, dice: tengo de todo, no me falta nada, estoy en todos los canales de TV, en algunos países se puede decir: *"tengo todos los millones de dólares que cualquiera quisiera tener..."*, pero no tienen el poder para mitigar el dolor humano. ¿De qué les sirve tener tanto dinero, si no tienen el Espíritu de compasión en ellos? En esta época la Iglesia verdadera no solo confronta los pensamientos malvados del mundo, o las leyes inmorales que se aprueban en las naciones a nivel global, sino que aparte de ello, a la llamada cristiandad que vive en apostasía. Una Iglesia que se dice ser, y no es, que se dice tener y no tiene; dice conocer la Palabra y no la conoce, porque con sus hechos la niega.

Esa Iglesia que actúa como la Laodicea tiene en sí misma una mezcla de conceptos que no son aprobados por Dios.

La Iglesia de Laodicea no se preocupaba por el pronto regreso del Señor; mezcla la música del Espíritu con la música dedicada a los demonios, hoy pasa lo mismo, estas iglesias dicen que Jesús no regresara hasta que ellos dominen el mundo. Jesús dijo *que un siervo malo es el que dice en su corazón, El Señor tarda en venir.* Este tipo de enseñanzas han surgido por el decaimiento espiritual de miles de personas tibias espiritualmente, que se niegan a ir en pos de la cruz. Cuando el amor por Jesús esta encendido en los corazones, hay un anhelo por su pronto regreso. Cuando estamos llenos del Espíritu y buscamos la Presencia de Dios, hay un deseo continuo de estar con Él y contemplar su gloria lo más cerca posible. Lo contrario de Iglesias con identidades falsas, es cuando el pecado abunda, mientras que repudian la negación al mismo yo. Esta forma de andar con altanería trae un incremento en su crecimiento, porque no hay la demanda del verdadero evangelio de Cristo.

1 Corintios 15:51 RVR1960
He aquí, os digo un misterio: No todos dormiremos; pero todos seremos transformados.

¿Quiénes serán transformados? ¿Los que tienen una verdadera identidad, o los que tienen una falsa identidad?

La Iglesia verdadera del Señor adora a Cristo por sobre todas las cosas, y Él es el centro de todo. El Señor nunca podrá ser sustituido por nadie ni menos por una denominación. Él debe ser lo más importante en tu vida y familia.

CAPÍTULO 5

La Importancia de la Identidad en Cristo

Cuando se habla de recuperar la identidad perdida desde una perspectiva humana, anteriormente era totalmente imposible, todos los seres humanos estaban perdidos en su propia condición de pecado.

Pablo en su carta a los Gálatas, hace la diferencia entre el antes y el después de Cristo.

¿Por qué es importante tener una identidad en Cristo? ¿Cuál es la importancia de saber quién eres en Él?

Si en verdad llegas a conocer tu identidad, tendrás una posesión muy valiosa en tu vida. Cuando el ser humano no sabe quién es en Cristo no puede saber hacia dónde va, ni cuál es el propósito, diseño o plan de Dios en su vida. Cuando esto sucede se vive una vida debilitada, fracasada, frustrada y en derrota. Mas al nacer a una vida nueva por medio del poder de la redención y la regeneración, Dios cambia tu identidad, y pasas de estar alejado de su presencia a reconciliado con el Señor y traído de nuevo al estado original por el cual Él te ha creado.

En Cristo conocerás no solo cual fue el propósito por el que fuiste creado sino cual es el destino que Dios preparó de antemano para tu vida.

La verdadera identidad del ser humano ha sido distorsionada y al no saber este los planes que Dios tiene asignado para la vida, se vuelve incapaz de cumplir con los propósitos por la cual fue llamado.

Hay un terreno apetecible para el enemigo de tu destino y es tu mente; si él logra colocar pensamientos de frustración, derrota y debilidad estarás listo a fracasar por completo. Por eso es importante conocer que hay características del carácter de Dios que Él quiere impartirlas a tu vida, con el propósito de modelarte a su imagen y semejanza, como ser las siguientes:

Misericordia

Dios es misericordioso y le place a Él impartir a sus hijos esa forma de ser, y es estar llenos de misericordia para ayudar a los que lo necesitan. En el sermón del monte Jesús dijo: *"bienaventurados los misericordiosos, porque ellos alcanzaran misericordia."*

Amor

Dios es amor, y Él se deleita en derramar de su amor perfecto en nosotros para que nosotros lo podamos dar a otros. Esto es parte del proceso de la formación del carácter de Dios en nosotros. Semejantes a Jesús mismo, para que crezcas a la estatura del varón perfecto. Cada día, Dios te plantea un nuevo desafío, meta y designio que Él mismo estableció en ti.

Dios tiene propósitos extraordinarios para tu vida; pero Satanás, de alguna manera tiene la capacidad de entorpecer la obra de Dios en ti y para esto él utiliza estrategias dañinas para que tú nunca descubras cuál es tu identidad y vivas totalmente ajeno a esa autoridad que es poder, victoria y fortaleza.

Jesús estaba dentro de un cuerpo humano, sin embargo, cuando tuvo que enfrentar las pruebas o tentaciones, Él se mantuvo sin dudar sabiendo siempre que era el Hijo de Dios. Dentro de sí mismo no ignoraba la razón por la que el Padre le había enviado a este mundo, y cuál era el plan de Dios diseñado y establecido en Él.

Jesús nunca se desorientó acerca de quién era y de lo que tenía que hacer.

En los momentos más difíciles nunca perdió la orientación correcta de que contestar y cómo actuar. Hay gente que dice que es impotente frente a sus debilidades, afirmando que Dios le comprende y lo acepta tal como es. Sin embargo, la Biblia dice: *"...diga el débil fuerte soy".*

Jesús venció el ataque del enemigo sin manifestarle su gran poder, no necesitaba hacerlo, la unción verdadera nunca se luce. Jesús no tenía por qué demostrar quién era Él.

Tú no tienes que demostrar lo que tú eres en el Señor. Nunca batalles en tus propias fuerzas.

En el momento indicado, el Señor va a revelar delante de todos quien tú eres, aún delante de tu propio adversario.

Cuando Jesús fue tentado en el desierto por Satanás, el motivo principal de su enemigo era lograr que dudara, de alguna manera, de su verdadera identidad como Hijo de Dios.

Hay mucha gente que ha perdido la visión de su identidad en Cristo. Jesús no tenía que demostrarle a nadie acerca de quién era Él, porque sabía muy bien que era el ungido, destinando a una misión dentro del plan divino de su amado Padre Eterno. Este ejemplo te da fuerzas para cuando tengas que confrontar las batallas en tu propia mente. Cuando el enemigo te diga: *"si tú eres tan espiritual, has esto o lo otro..."*, es porque tú eres espiritual. Satanás supo siempre que Jesús era el Hijo de Dios. Por eso le dijo: "*...si tú eres Hijo de Dios.*"

Lo primero que Satanás va atacar es tu identidad que te caracteriza para tu llamado y te coloca dentro de los planes de Dios para tu vida.

Tú debes creer fuertemente que no eres lo que Satanás quiere que seas, sino lo que Dios te llamo a ser. No creas las mentiras del enemigo para no vivir en derrota y confusión. Dios te ha creado y te ha permitido vivir en este mundo para que recuperes tu identidad y seas usado por Él para su gloria y honra. Cuando tú tengas la plena convicción de quién eres, por causa del que te la dio, serás una nueva persona en tus decisiones, en tus pensamientos y en tu forma de vivir.

Mateo 4:2-3 NTV
² "Durante cuarenta días y cuarenta noches ayunó y después tuvo mucha hambre. ³ En ese tiempo, el diablo se le acercó y le dijo: —Si eres el Hijo de Dios, di a estas piedras que se conviertan en pan".

Cuando Jesús vino a la tierra en forma humanizada, para cumplir el proceso de la redención salvando al hombre del pecado, el enemigo quiso confundir a Jesús para que Él no cumpliera el propósito por el cual había venido. Desde que nace Jesús hasta que llega a la cruz, es acechado continuamente y tiene una batalla constante contra el poder de las tinieblas.

El enemigo trató de que Jesús no llegara a la cruz. Él le dijo: "...haz que estas piedras se conviertan en pan, si verdaderamente eres el Hijo de Dios..." prácticamente le dijo: ..."si eres el Hijo de Dios tienes el poder y la autoridad para convertir estas piedras en pan". Satanás no te va hacer una pregunta, si él no está convencido que lo que tienes es la verdad. Si el enemigo no hubiera sabido que Jesús era el Hijo de Dios, no lo hubiera tentado de la forma que lo hizo. ¿Qué usó Jesús para derrotarlo? La Palabra hablada. Jesús dijo: "...*Al Señor tu Dios adorarás, y a ÉL solo servirás*".

¿Cuál era el plan del enemigo de tentar a Jesús en el desierto?

Si él lograba que Jesús desobedeciera a Dios, esto impediría el propósito por el cual Él vino a la tierra y por consiguiente perdía su identidad como el unigénito del Padre.

Al enemigo lo que le preocupa es el diseño, el propósito y el plan que Dios tiene para tu vida.

Recuerda que tienes tus propias huellas digitales, tu genética única en el iris de tus ojos, el registro de tu propia voz. Él te revela de forma tangible y real que eres único, no hay otro como tú. Dios hace originales y no clones.

La Verdadera Identidad

El enemigo sabe que si tú no estás seguro de tu identidad, fracasarás rápidamente y este fracaso será la causa del aplazamiento e impedimento de que puedas experimentar una verdadera vida en Cristo dentro de tu ser.

¿Cuál es el desafío de descubrir el propósito para el cual naciste?

El diseño es desarrollarte y crecer. Sobre ti hay una herencia de eternidad; para que Dios te otorgue esa herencia, debes estar maduro y tener la estatura espiritual correcta, para que sepas ministrar lo que Dios ponga en tus manos.

En la costumbre hebraica, es muy normal que el hijo reciba su herencia a los treinta años. Tiene que esperar y llegar a esa edad, para que se le entregue lo que se merece por ser hijo heredero. Es por ese motivo, que Jesús recibió su herencia a los treinta años, es decir; el empezó su ministerio aquí en la tierra a esa edad y no antes. Por eso la Biblia dice que cuando el creyente crece y se desarrolla tiene la capacidad para ser heredero de todo.

¿Cuál es el primer rasgo de identidad que se perdió en el Edén, y que por medio de Cristo se volvió a recuperar?

El primer rasgo perdido de acuerdo con la Biblia es la santidad.

1 Juan 4: 16 NTV
Nosotros sabemos cuánto nos ama Dios y hemos puesto nuestra confianza en su amor. Dios es amor, y todos los que viven en amor viven en Dios y Dios vive en ellos.

Salmo 111:9 NTV
Él pagó el rescate completo por su pueblo y les ha garantizado para siempre el pacto que hizo con ellos. ¡Qué santo e imponente es su nombre!

¿Qué significa la palabra "santo"? Apartado, separado, consagrado para un propósito. También dice que en pecado hemos sido concebidos, y que por nuestros pecados hemos sido destituidos de la Gloria de Dios. Pero también dice la Biblia que Dios puso en Cristo el pecado de toda la humanidad o sea de todas las personas. Jesús dijo: "Padre, santifícalos en Tu Palabra".

La Verdadera Identidad

Nuestro creador nos llama a identificarnos con Él y tener la identidad con que Él nos ha formado. Si Dios es Santo, Él nos llama a ser santos como Él es santo. Esa identidad de ser santo se puede transferir a nosotros. Una persona santa tiene vida y ha sido santificado por la sangre de Cristo.

Cuando Adán perdió su investidura y fue separado de la presencia de Dios, ¿a quién se parecía ahora? ¿a Dios? ¡No! Se parecía más al que lo cautivo por el pecado. Por cuanto el enemigo fue desobediente a Dios, procuró que el hombre también lo fuera, que pecara y así perdiera su identidad. Es a partir de ese momento que el hombre entra en una crisis de su identidad con Dios.

Pero en Cristo podemos recuperarla aunque la hayamos perdido en algún momento de la vida.

La identidad es tan importante que Dios creo a la humanidad de una forma muy especial. Tu identidad como hijo de Dios, redimido y perdonado por la Sangre de Cristo, tu deseo debe ser cada vez más parecerte a Jesús. El enemigo vino a matar, robar y destruir, vidas, propósitos y planes diseñados por Dios, impidiendo que las promesas de Dios sean activadas. Por lo consiguiente el ser humano que ha perdido la identidad correcta es propenso a caer en, debilidad, frustración y derrota.

En la tierra hoy hay más de 7200 millones de personas y ninguno es idéntico a otro. Dios ha hecho que cada persona sea diferente y tenga sus propias características. La estrategia del enemigo es que tú no sepas quién eres en Cristo, para que no veas el reflejo de la imagen de Dios reflejada en tu vida. Cuando no se tiene la identidad de Cristo, es porque la persona no se cree digna de recibir el perdón de Dios. Cuando tú no puedes reconocer quien eres, esta es una señal clara y evidente que no tienes identidad.

Por ejemplo, muchos son los que declaran lo siguiente: *"yo no sirvo para nada, yo jamás voy a lograr lo que otros logran, yo solo he nacido para sufrir".* Hay mucha gente dentro de las Iglesias que no está seguro si va a ir al cielo, o si son dignos de merecer las bendiciones del Dios Todopoderoso. Muchos viven de esta manera en un estado de incertidumbre. Hay gente que piensa que lo que Dios hizo con ellos ya termino y no tiene más planes.

> Prepárate, porque Dios no ha terminado contigo. En la Biblia dice, que Dios está edificando tu vida.

Eso quiere decir que si Él está edificando tu vida, es porque la construcción de Dios sigue en su proceso. Él va usar un fundamento estable, la misma roca que es Cristo, para afirmarte. Te va a levantar sobre esperanza de gloria, y te dará promesas de Dios, que levantaran tu fe y te dará un destino de gloria.

¿Qué Concepto Tienes de Ti Mismo?

Si crees que eres igual a todos los demás, estás equivocado, ¡tú eres diferente! Si piensas que a ti te va a pasar lo mismo que le pasa a los demás, estás equivocado, a ti te va a pasar lo que Dios te prometió. ¡Cree en la promesas divinas y aprópiatelas!

Cuando has aceptado a Jesucristo como tu Señor y Salvador, tu mentalidad de nuevo creyente no ha absorbido todo lo necesario con tu nueva vida, no se ha desarrollado, ni has asumido totalmente la identidad de Cristo, esto es un proceso gradual.

Tienes que renovar tu mente cada día en el Señor.

No puedes seguir pensando de acuerdo con la vieja mentalidad que tenías. Tienes que permitir que el poder de la Palabra establezca los pensamientos correctos y arrancar por completo todo los pensamientos contrarios, que te llevan a la ignorancia y frustración, en lugar de ello permite que el Espíritu Santo pueda alinear tu mente en el propósito a la cual fuiste llamado, al pleno diseño de la identidad que tienes en Cristo.

Efesios 2:13 NTV
Pero ahora han sido unidos a Cristo Jesús. Antes estaban muy lejos de Dios, pero ahora fueron acercados por medio de la sangre de Cristo.

De acuerdo a lo que determina la enseñanza bíblica, antes éramos hijos de desobediencia e hijos de ira, separados del Padre, pero en Cristo hemos sido reconciliados con Dios, perdonados y justificados delante del Padre. Y Dios no nos ve como algo extraño sino como hijos, habiendo sido libres de la marca de la culpabilidad que el enemigo había colocado en nuestras vidas a consecuencia del pecado y la desobediencia. En Cristo tenemos vida eterna y estamos en el proceso de la santificación, tenemos una nueva manera de vivir, una identidad en Cristo, ya estamos completos para poder vivir la vida de abundancia que Él da a cada uno de aquellos que estén dispuesto a rendirse ante su presencia. ¡Asúmelo en tu mente y acéptalo en tu corazón!

Romanos 12:2 NTV
No imiten las conductas ni las costumbres de este mundo, más bien dejen que Dios los transforme en personas nuevas al cambiarles la manera de pensar. Entonces aprenderán a conocer la voluntad de Dios para ustedes, la cual es buena, agradable y perfecta".

Tienes una vida nueva, un espíritu vivificado, un cuerpo fortalecido, más si no tienes una mente renovada de nada te sirve, pues la mente hace parte de tu ser integral. Dios, en la Biblia, nos dejó ejemplos de personas que no sabían quiénes eran y como los había escogido. No conocían su identidad.

Recordemos los ejemplos de Gedeón, Saúl y el hijo prodigo.

Estas tres personas perdieron su identidad o más bien son identificados como aquellos que no supieron quiénes eran en Dios. Sin embargo, Gedeón recuperó su identidad por la intervención del ángel, mientras que Saúl no valoró la posición en la que Dios lo había puesto y la perdió al desobedecerle. Por lo tanto es importante que reflexiones y te preguntes: ¿Qué es lo que se recupera, cuando Dios establece la identidad? La vestidura, la autoridad y el calzado espiritual perdido.

Cuando se restablece la identidad en Dios, (después que Satanás la ha distorsionado, dañado y robado), Jesucristo te dará una vestidura espiritual nueva y cambiará por completo esa naturaleza caída por una vida gloriosa en Cristo. Se te será devuelta la autoridad por medio de Él, que fue constituido "el último Adán", para andar por la senda correcta que te llevará al triunfo y al glorioso plan establecido y prometido por Dios a tu vida.

1er Caso: Gedeón

Jueces 6:12 RVR1960
"Y el ángel de Jehová se le apareció, y le dijo:

Jehová está contigo, varón esforzado y valiente."

Cuando el ángel de Señor se le pareció, ¿cómo lo llamó? Joven esforzado y valiente. Gedeón no entendía porque lo llamaba así, si él estaba asustado, escondiendo los pocos manojos de trigo que le quedaba, porque los madianitas venían y les robaban todos los alimentos. ¿Qué era eso, un acto de valentía o cobardía? Él lo estaba escondiendo y lo guardaba adentro de una cueva, y en medio de esta situación lo encuentra el ángel del Señor.

Gedeón tenía un destino y diseño, por lo tanto el Señor tiene que desafiarlo para romper el esquema de su mente.

Y cuando lo hace, Dios declara lo que Gedeón es..."*varón esforzado y valiente".* Cuando le habla a través del ángel, le está asegurando la identidad que tiene. En la tierra Gedeón está temblando, pero en el cielo hay un registro que dice, Gedeón, valiente y esforzado. El diablo le hizo creer que él no era nadie, pero en el cielo estaba escrito lo que Dios había establecido.

Cuando Satanás te dice algo en la tierra, no es lo mismo que lo que Dios ha dicho de ti. Muchos dicen como Gedeón: *"yo no puedo, es difícil, otros pueden, yo no...otros sí, yo no"*.

Cuando el enemigo viene a atacarte con todos sus instrumentos sutiles de artimañas de engaños y mentiras, prepárate porque te va a decir lo que tú no eres. Mas Dios tendrá que cambiar el esquema erróneo de tu mente, haciéndote saber lo que El diseño en sus planes divinos para ti.

El ángel le dijo, no solo esforzado y valiente sino... *"Yo estoy contigo, ve y salva a Israel...no te mando Yo".* Gedeón seguía mostrando su inseguridad al hacerle frente a los amalecitas, y sin embargo, logra juntar treinta mil hombres. ¿Con cuántos se quedó? Ni siquiera con el diez por ciento, solo con el uno por ciento, si solo con trescientos hombres. Lo que define a los valientes son las actitudes de cómo se conducen delante de Dios y tienen un corazón lleno de valentía. Los valientes son capaces de hacer lo que nadie hace, mientras otros están temblando, ellos hablan lo que nadie habla y realizan lo que nadie se atreve.

2do Caso: Saúl

1 Samuel 9:20-21 RVR1960

^{20} Y de las asnas que se te perdieron hace ya tres días, pierde cuidado de ellas, porque se han hallado. Más ¿para quién es todo lo que hay de codiciable en Israel, sino para ti y para toda la casa de tu padre? ^{21} Saúl respondió y dijo: ¿No soy yo hijo de Benjamín, de la más pequeña de las tribus de Israel? Y mi familia ¿no es la más pequeña de todas las familias de la tribu de Benjamín? ¿Por qué, pues, me has dicho cosa semejante?

Saúl está en un proceso de identidad. Su autoestima está completamente destruida, tiene un concepto completamente negativo de sí mismo. Él era el joven más alto, hermoso y fornido de todo Israel; sin embargo, cuando el profeta le anuncia que será el primer rey de Israel, él no se considera apto para ese puesto, no se atreve hacer lo que Dios dice, y aun cuando Dios le cambia el corazón, tenía miedo de que el cargo de rey le quedara grande y se escondió. Él no se sentía capaz.

1 Samuel 10:22 RVR1960

Preguntaron, pues, otra vez a Jehová si aún no había venido allí aquel varón. Y respondió

Jehová: He aquí que él está escondido entre el bagaje.

Cuando Dios te escoge para algo, tienes que estar seguro, que Él no se equivoca y nunca dejara de cumplir con su Palabra.

Cuando Dios te señala para algo, no digas: "Señor, no sé cómo hacerlo, no puedo, no tengo la capacidad". Cuando tu recuperas tu identidad en el Señor, nada es imposible para Dios.

3er *Caso: El Hijo Pródigo*

Lucas 15:13-17 RVR1960

13 "No muchos días después, juntándolo todo el hijo menor, se fue lejos a una provincia apartada; y allí desperdició sus bienes viviendo perdidamente. 14 Y cuando todo lo hubo malgastado, vino una gran hambre en aquella provincia, y comenzó a faltarle. 15 Y fue y se arrimó a uno de los ciudadanos de aquella tierra, el cual le envió a su hacienda para que apacentase cerdos. 16 Y deseaba llenar su vientre de las algarrobas que comían los cerdos, pero nadie le daba. 17 Y volviendo en sí, dijo: ¡Cuántos jornaleros en

La Verdadera Identidad

casa de mi padre tienen abundancia de pan, y yo aquí perezco de hambre!"

El hijo pródigo volvió en sí cuando se dio cuenta que él era hijo y fue a recobrar su identidad. La presión ha sido tan fuerte y de pronto te has debilitado y tu corazón ya no anhela nada de lo que Dios tiene para ti, y te conformas con las algarrobas que le tiran a los cerdos. El hijo pródigo volvió en sí, y se dio cuenta quien era él ...pensó que en la casa de su padre, los jornaleros vivían mejor que él. El hijo pródigo se levantó y se fue otra vez a casa de su padre a pedirle perdón. Tu identidad se recupera cuando reconoces que has fallado, y te arrepientes. Esa es la clave para que Dios te restaure. Al hijo pródigo todo le fue restaurado y todo lo recuperó.

En la historia del hijo pródigo, vemos que el Padre hizo que el hijo recuperara todo.

El Señor te viste de gracia, te cambió la vestidura de derrota, por una de victoria y restaura completamente tu verdadera identidad como hijo heredero. El Padre le coloca un anillo en sus manos. Recuperó la autoridad que había perdido. También le puso un calzado en sus pies, para reclamar así su territorio. Tampoco estarás más descalzo, sino que pisarás serpientes y escorpiones (figuras de espíritus malignos), porque ahora tendrás el calzado apropiado en tus pies espirituales, para pisar con autoridad toda obra de maldad, con seguridad y convicción que nada te podrá dañar.

Vemos en estos tres ejemplos, con uno que había perdido su identidad por completo, otro que se encontraba en un estado de rechazo y baja autoestima, y el último lo había perdido todo.

El Padre Eterno te justifica por medio de la sangre derramada de Jesús.

Cuando alguien se vuelve a Dios diciéndole: "he fallado, me he equivocado, te he desobedecido, he vivido conforme a mi voluntad, de una forma desordenada, por favor perdóname, estoy arrepentido". El Señor cambiará la tragedia en paz interior; tu abandono, por la gran familia de Dios, dándote la vestidura de autoridad la cual nadie te podrá quitar.

¿Con Cuál de los Tres Te Identificas Hoy?

Puede ser que hayas perdido tu identidad en Cristo y no te hayas dado cuenta. Puede ser que hayas dejado de reconocer que eres esforzado y valiente. Puede ser que Dios te quiera sacar de la cueva del temor, el miedo, la inseguridad y tratas que otros hagan lo que Dios te mando hacer a ti y Satanás te dice: "eso no es para ti", esa es su estrategia para mantenerte en la cueva donde nadie te vea.

El Señor te dice que lo que está escrito en el cielo es diferente, Dios tiene un registro tuyo escrito en el libro de la vida. Todo lo que tu hagas y lo que vayas hacer, ya está escrito en el cielo. En Apocalipsis dice que en el día final, Dios el Padre, dará la orden y se abrirá el libro de la vida, en el cual todo está registrado. Lo que Dios ha escrito en el cielo para ti lo va a ejecutar aunque el diablo trate de evitarlo.

Pídele a Dios que te de una identidad correcta en El como su hijo/a, como al que ha llamado a servirle y amarle para siempre.

CAPÍTULO 6

Descubriendo Tu Verdadera Identidad

Debemos saber, que "si existe algo falso es porque previamente ha existo lo verdadero". Lo falso, es proyección de algo que hay algo que es verdadero. La Biblia habla de cómo conocer lo falso y lo verdadero. Como discernir las tinieblas de la luz y la diferencia que hay entre obedecer y no obedecer a Dios.

Cuando sabes quién eres en Dios, conoces tu propósito y sabes para qué existes en la tierra. Cuando no tienes identidad en Cristo, no conoces cuál es tu llamado en tu vida.

La falta de identidad causa inseguridad y desconfianza.

Esa fue una de las batallas más cruciales, que Jesús enfrento contra el mismo Satanás.

Lucas 4:1 NTV
Entonces Jesús, lleno del Espíritu Santo, regresó del río Jordán y fue guiado por el Espíritu en el desierto.

En este pasaje bíblico se puede observar que

quién llevó a Jesús al desierto no fueron ni sus emociones, ni sentimientos; sino el Espíritu Santo de Dios. Cuando tú tienes la verdadera identidad de Dios, todo lo que hagas, lo harás conforme a la voluntad del Espíritu y no de tu carne. El mismo Espíritu te dirigirá y sabrás que hacer. Te hago una pregunta: ¿El Espíritu de Dios sabía de antemano a lo que se iba a confrontar Jesús? Claro que lo sabía, para Él no hay nada encubierto ni oculto.

Si el Espíritu de Dios sabía que Jesús se enfrentaría a un enemigo acérrimo y sutil, ¿Por cuál otra razón habría sido llevado Jesús al desierto, además de orar y buscar el rostro del Padre? Jesús sabía cuál era su identidad, pero el diablo había fraguado un plan estratégico que se ve revelado en lo que describe el libro de Lucas.

Lucas 4:3 RVR1960
"Entonces el diablo le dijo, si eres Hijo de Dios, di a esta piedra que se convierta en pan."

Cuando no se tiene la seguridad de la identidad de Cristo, se hacen las cosas por emoción y sentimiento y para demostrar a los demás que tan alto está el grado espiritual, el poder o la autoridad que se ha recibido. Jesús no necesitaba hacerle una demostración pública al diablo de quien era Él.

Jesús sabía perfectamente que Él era el Unigénito Hijo de Dios. ¿Acaso el diablo sabía que Jesús era el Hijo de Dios?, sí lo sabía, entonces, ¿por qué le insinúa... *"si eres lo que crees ser, demuéstramelo?"*.

La primera batalla espiritual que se libra cuando alguien está pasando por un desierto, es una guerra contra la identidad de uno mismo, esta batalla busca crear una duda en tu mente. Si el enemigo logra abrir una brecha, tendrá la oportunidad para atacar siempre por esa fisura.

La batalla más recia, que todo hombre o mujer que se ha rendido a Jesús está enfrentando en esta hora, sin importar edad, color, raza, posición económica o conocimiento, es la batalla de su identidad en Dios.

Fue en esa área en la que Satanás se confrontó con el Señor por primera vez. Pero Jesús le dijo: *"no tengo que hacerte ninguna demostración a ti de quien soy Yo"*. Jesús le

La Verdadera Identidad

dijo algo así como: "Mi Padre no me envió para hacerte demostraciones a ti, porque Yo sé que Mi identidad es que soy Hijo de Dios, el Padre me ha enviado con un plan por qué y para qué y no para darte exposiciones, sino para destruirte, porque eres aquella serpiente del Edén y vas a saber que voy a pisar tú la cabeza, derrotándote y venciéndote".

Tú tienes que saber cuál es la razón por la cual Dios te ha perdonado, salvado y limpiado. Él no te ha llamado para que saques a relucir tus dones como algo que es algo tuyo que puedes mostrar a tus admiradores. Lo primero que vas a demostrarle al diablo cuando tienes una verdadera identidad, es que la verdad que está dentro de ti, es para glorificar el Nombre del Señor. Ni siquiera tu ministerio, más bien, el llamado de Dios en ti. Satanás quedará desarmado por completo. Y él dirá: "me estoy enfrentando con alguien que si sabe quién es".

Lo peor que hay en esta hora de engaño y apostasía, es que hay miles de creyentes que no saben quiénes son en Dios, por esa razón el enemigo puede hacer lo que quiere con esas personas, y tenerlos siempre en derrota espiritual.

Cada vez que quieren conquistar nuevas metas caen en problemas nunca llegan a lograr algo concreto. Se libran de un hoyo y caen en veinte. Es un ciclo repetitivo de fracasos, frustraciones y derrotas. Pero si tú cierras toda fisura o grieta de tu mente, eres libre en tú corazón de la duda e incredulidad y buscas de Dios eso determinará no solo tu victoria, sino que también definirá tu eternidad.

Venga lo que venga, dificultad o lucha, jamás puedes olvidarte de tu propósito en Dios.

Siempre tienes que creer y confiar en Dios. La verdadera identidad no es emotiva ni sentimental. Está basada en la verdad de Dios y de su Palabra. Él es real, no importa lo que venga sobre tu vida o los ataques que el diablo tira sobre tu vida; tu identidad verdadera no debe estar basada en las circunstancias, sino en la Gloria de Dios, Su magnificencia y poder. No importa las condiciones que te rodean sigues siendo hijo de Dios.

No debes escuchar cualquier mensaje; cuida tus oídos.

La Verdadera Identidad

Hay mensajes que un cristiano hijo de Dios no debería escuchar. No puedes oír un predicador que te apruebe tu estado desordenado de pecado; por el contrario debes escuchar al que te desafía a ser mejor de lo que eres hoy. Necesitas escuchar un mensaje de poder que te ayude a desarrollar tu identidad con Dios. No necesitas de un motivador, sino de una palabra verdadera de Dios que te lleve a cambiar tu estilo de vida. Pablo dijo:

Colosenses 2:8 DHH
"Tengan cuidado, no se dejen llevar por quienes los quieren engañar con teorías, argumentos falsos, pues ellos no se apoyan en Cristo sino en las tradiciones de los hombres y en los poderes que dominan este mundo."

¿En qué se basa tu identidad? ¿en teorías, argumentos falsos, o en las tradiciones de hombres impíos? Lo contrario es basarse en Cristo solamente. Pablo en una ocasión dijo: "esta gente no está sustentada en Cristo", debemos asegurarnos que la enseñanza de una persona este establecida totalmente en Cristo, porque cuando un pasaje bíblico está mal aplicado, se puede convertir fácilmente en un arma en las manos del enemigo.

Si no se conoce todo el concepto de la Palabra de Dios y se aplica incorrectamente, se puede caer en error.

El enemigo creía que simplemente declarando *"escrito esta"* podía derrotar fácilmente a Jesús. Es verdad que el enemigo conoce más la Palabra de Dios que muchos cristianos, con la diferencia que la usa para manipular y controlar de acuerdo a su conveniencia. El diablo le sugirió a Jesús que se lanzara desde lo más alto del pináculo del Templo, nombrándole la palabra que está escrita en el Salmo 91, ...*a sus ángeles mandará cerca de ti...* . Si Jesús no hubiera conocido bien la Palabra, no lo hubiera podido vencer, sin embargo ésta palabra estaba mal orientada y Jesús lo sabía, por eso resultó victorioso.

Lamentablemente muchos cristianos de ahora no leen la Biblia, ni menos la escudriñan, por eso cuando aparece alguien, tergiversando la Palabra, caen fácilmente en error.

Tú tienes que conocer la Palabra más de lo que el diablo la conoce. Jesús sabia cual texto le estaba citando, pero como Él conocía la Palabra, le dijo: *"te voy a decir algo, Mi Padre me va a proteger, Yo no tengo que tentarlo a*

La Verdadera Identidad

Él, tirándome de un quinto piso. Mi Padre me dice que mandara los ángeles alrededor de Mi para que me guarde en todos mis caminos para que mi pie no tropiece en piedra".

Existe un número enorme de personas que creen todo lo que se les dice, por esa razón son fácilmente engañados, porque no les gusta estudiar la Palabra. No se puede oír mensajes que tapen el pecado de la gente, la Palabra de Dios nunca exaltará más a la maldad que la obra de Cristo.

La identidad verdadera tiene como fin agradar a Dios.

Un verdadero hijo de Dios cuya identidad esta forjada en Cristo, no exaltara el pecado, porque él sabe que en el Reino de Dios, la norma es agradar al que lo llamó de las tinieblas a su luz admirable.

El que agrada a Dios, se duele por la grave consecuencia que deja el pecado.

Colosenses 1:12-14 RVR1960

12 "con gozo dando gracias al Padre que nos hizo aptos para participar de la herencia de los santos en luz; 13 el cual nos ha librado de *la potestad de las tinieblas, y trasladado al reino de su amado Hijo, ^{14} en quien tenemos redención por su sangre, el perdón de pecados".*

El enfoque de ser un verdadero cristiano, no es dejar de pecar simplemente para lograr una identidad. Dejar de pecar debe ser un resultado de la obra del Espíritu Santo hecha en tu vida, por lo que tú ya eres en Cristo. La gente piensa... *"dejo de hacer esto, porque Dios me dará esto otro";* por tal razón a muchos les cuesta entenderlo, y usan a Dios como un amuleto, no como un modelo a seguir, por eso a muchos no les gusta que les hablen de santidad y pureza.

Gálatas 3:3 NTV
...¿Será posible que sean tan tontos? Después de haber comenzado su nueva vida en el Espíritu, ¿por qué ahora tratan de ser perfectos mediante sus propios esfuerzos?

Pablo decía.... *"No puede ser que comiencen por el Espíritu y acaben en la carne"*, lo normal es comenzar en la carne y terminar en el Espíritu. Esto sucede cuando te desenfocas de Cristo para solo ver tus errores, fallas y debilidades; esto permanecerá en ti solo hasta cuando cambies tu actitud, y comiences a

La Verdadera Identidad

enfocarte en Cristo; quitándote la vieja manera de vivir.

El poder de la muerte y de la vida, de la Cruz y la Sangre de Cristo, te hizo apto para tener una identidad verdadera.

Sería una gran mentira decirte que luches contra el pecado con tus propias fuerzas, tienes que hacer morir en ti las obras de la carne que batallan contra tu salvación. ¡Deja de enfocarte en ti mismo! Cuando tú te centras en lo que tienes, nunca vas a necesitar de Dios, pero ten presente, que esta naturaleza caída que alimentas, tarde o temprano si no la haces morir, te destruirá. ¿Te sientes débil, fracasado, con errores?, acércate a Dios en oración, busca al único capaz de quitar lo malo que hay en ti, este se llama Jesucristo y su Sangre derramada en la Cruz.

Cambia tú primero y luego a los demás.

Algunas veces la esposa quiere que el esposo cambie o viceversa, entrando en una riña o contienda y se dicen: *"si tu cambias yo cambio..."* El asunto no es lo que tú veas en otros sino lo que hay en ti. A veces el problema está en ti. Cuando te enfocas en mirar a otros y no lo que tú tienes, no tienes identidad en Dios.

Cuando tú comienzas a mirar a Cristo, y a enfocarte en Él, entenderás que te puede librar de las tinieblas, con sus manos poderosas.

El Señor te quita del reino de las tinieblas y ahora estas en el reino de la luz, pero sigues con los malos hábitos y dices: "Señor, sé que tú me perdonas por mis pecados...", y el Señor te dice: *"deja de mirar hacia abajo, y comienza a mirar hacia arriba".* A veces te sientes amedrantado como la mujer jorobada de la Biblia, no puedes ver a Jesús, solo piensas en lo que tienes y en lo que no puedes hacer, mientras que Dios te dice: "!*levanta tu rostro, algo va a suceder!"...* cuando tu levantes tu rostro, y eres capaz de mirar el rostro de Jesús, serás impactado por Él, podrás mirarlo a los ojos y desearás su santidad mientras que Él te atraerá a su pureza y nada te engañará; a partir de ahí, todo cambiará.

Si la gente no es impactada por la misma Presencia de Dios nunca podrá cambiar.

La Verdadera Identidad

Cuando tengas un encuentro con Él, serás una persona nueva. Deja de luchar contra Dios porque no puedes escapar de lo que no puedes cambiar.

CAPÍTULO 7

¡Reconócela!

En los capítulos anteriores, se ha mencionado acerca de la experiencia de Jesús en el desierto y como Él se enfrentó a Satanás y todas sus mentiras.

Mateo 4:8-10 RVR1960

...⁸ Otra vez le llevó el diablo a un monte muy alto, y le mostró todos los reinos del mundo y la gloria de ellos, ⁹ y le dijo: Todo esto te daré, si postrado me adorares. ¹⁰ Entonces Jesús le dijo: Vete, Satanás, porque escrito está: Al Señor tu Dios adorarás, y a él sólo servirás.

En esta tercera tentación el Señor se enfrentó a una muy diferente de la que fue confrontado en la primera y segunda. El principal objetivo del reino de las tinieblas, era robarle a Jesús su verdadera identidad como el hijo de Dios.
En este momento la humanidad se confronta a la misma guerra a la que Jesús batallo en el desierto. El enemigo ha lanzado un sutil ataque para confundir al ser humano y que él no sepa quién es, y cuál es su propósito en la vida dado por Dios. No perciba bajo ningún concepto, ˝Quién es en Cristo˝ y cuál ha sido

la obra extraordinaria que Dios llevo a cabo por cada hombre y mujer por medio de la Redención.

Recuerda que el Señor te ha trasladado de la potestad de las tinieblas al reino de su amado hijo; la Palabra dice que te arranco de un lugar, para llevarte a otro lugar, cambiando tu posición y condición por medio de la regeneración.

Tú vas a mantener tu verdadera identidad en Cristo, cuando estés por completo dispuesto/a permanecer dentro de su verdadera voluntad en el reino de Dios. Tu identidad fue comprada y adquirida por el sacrificio perfecto de Cristo.

Como ser humano estas limitado, y muchas veces no puedes ver más allá de los sentidos naturales. Algunas veces parece que hay una batalla librándose entre los sentidos naturales y lo que dice Dios por medio de su Palabra.

El sentido humano que es más atacado por el enemigo es la vista.

En las tentaciones que Satanás hace a Jesús

¡Reconócela!

en el desierto, se puede observar que cada vez la prueba se hace más fuerte; en esta oportunidad él lo tentó ofreciéndole todos los reinos de la tierra, a cambio de que Él cambiara el sentido de la adoración.

¿Qué tiene que ver la identidad con la adoración? En este pasaje queda demostrado, que el diablo le ofreció a Jesús todos los reinos de la tierra, a cambio de recibir adoración.

Hay dos cosas que debes tener claras en este tema:
1. Tu identidad en Cristo no la definen tus sentidos natural, ni tu estado emotivo.
2. La verdadera adoración a Dios, te va a dar una verdadera identidad.

Es interesante observar como el diablo siempre ha querido obstruir el propósito de los hijos de Dios, a cambio de ofrecer el pecado a manera de adoración. Jesús estaba a punto de comenzar el poderoso ministerio que el Padre le había encomendado. Un ministerio de poder que estaba a punto de hacerse público. En esto estás viendo la lucha que Satanás quiere establecer contra el hijo de Dios por medio de falsas visiones y promesas; por eso reitero que tu identidad nunca va a ser definida por tus sentidos naturales. El diablo y el mundo han querido robar tu identidad como hijo de Dios, ese es el propósito del enemigo.

Es evidente recordarte que la identidad va conectada con la adoración, la misma requiere de tu tiempo, finalmente ella se va a convertir en tu pasión y en tu entrega particular. Todo aquello que valoras, y estas dispuesto a sacrificar, se va a convertir en el objeto de tu adoración. Tu ser completo muchas veces puede rendirse ante las cosas que admiras y no necesariamente es la adoración a Dios.

En esto los sentidos juegan un lugar estratégico e importante porque por medio de ellos podrás desviarte de la verdadera adoración a Dios.

Adán y Eva fueron tentados de la misma manera, sus sentidos y emociones fueron alterados por la mentira de satanás; más allá de la verdad que Dios había hablado a Adán.

Los sentidos hacen perder el propósito de una verdadera adoración porque están conectados con las emociones.

¡Reconócela!

Los sentidos juegan un papel importante en la adoración, ya que muchas veces, intentaran distorsionar tu enfoque de identidad.

Si hay una debilidad en tu humanidad caída es que el enemigo intentará distorsionar lo que tú estás viendo, para mostrarte una "aparente realidad" (que no es verdad) para así lograr robar tu identidad. ¿Cuántas veces permites que tus pensamientos y sentidos te engañen en tu característica como hijo de Dios? Muchas veces crees que tus pensamientos son correctos y te encuentras batallando con sentimientos de culpa, mentiras religiosas, artimañas del diablo para desviarte; y no te das cuenta que son dardos de fuego que batallan contra tu mente.

Son muchas las estrategias que se están implementando en esta hora contra ti para intentar robar y dañar tu identidad.

¿Cuantas veces los hijos de Dios han decidido creer en la mentira sin darse cuenta que se están desviando poco a poco de la verdad? Quizás ahora en este momento te acuerdas de una persona que alababa a Dios como tú y ahora esta apartada de los caminos de Dios y le puedes ayudar a que encuentre su identidad como hijo de Dios. Lo que tienes que hacer es identificar que es verdad y que es mentira, esto nunca lo vas a reconocer sino aprendes a entender la gran diferencia que existe entre una y otra. Cuando tú crees que las mentiras son verdades, nunca lograrás vivir a la altura o nivel de una identidad genuina y verdadera.

La adoración a Dios es un acto de fe Tú debes adorar a Dios no porque lo veas sino porque Él es real.

No lo podrás ver con tus ojos físicamente, pero sabrás que Él está ahí. Hay una verdad que el hombre o mujer no ha entendido, y es que los verdaderos adoradores, van adorar a Dios en espíritu y verdad. Para que te conectes con Dios debes tener una identidad definida, porque Cristo es verdad absoluta.

Cuando adoras a Dios, su Espíritu se conecta con tu espíritu, y eso te dará una identidad de pertenencia.

¿Qué es adoración y alabanza? cuanto tú te comunicas con Dios debes de discernir como lo haces y porque lo haces. Cuando comiences adorarlo, no pienses en lo que te rodea, pues haces uso de tus sentidos naturales, no te preocupes de quien adora o quien no lo hace. Cuando adoras te estas comunicando con Dios y es ahí, donde Él comienza a ministrar en lo profundo de tu espíritu. Todo lo que Jesús enseño tenía un propósito. Él se refirió que los verdaderos adoradores lo van adorar en espíritu y en verdad. Eso quiere decir que habrían adoradores que lo harían en mentira o en apariencia.

La adoración es agradar a Dios, eso mueve su Espíritu para responder a la adoración.

¿Qué Piensa la Gente de Ti?

Hoy en día la vida de muchos cristianos puede ser vista a través de un lente muy poderoso como es el engaño. Una de esas maneras de engaño, es preocuparse siempre por lo que la gente piense. El enemigo te coloca esos pensamientos para que estés muy preocupado de lo que los demás piensan, en lugar de lo que Dios piensa de ti. Tu identidad está definida en Dios y por las cosas que adoras. Si das valor a un objeto, persona, o lo que tengas en tus manos, y para ti eso es más importante que Él, te vuelves un adorador de lo que tienes. Todo lo que quite el lugar que le pertenece a Él se vuelve un ídolo. El enemigo sabe lo que a ti te agrada, y a través de eso, tratara de establecer un hechizo espiritual, intentando manipularte y controlarte. Hay gente hechizada por una fuerza sutil de engaño, de manera tal que la gente es confundida y mucho de esos engaños, son mentiras religiosas o vestidas de una falsa humildad.

Gálatas 3:1 RVR1960
...¡Oh gálatas insensatos! ¿Quién os fascinó para no obedecer a la verdad, a vosotros ante cuyos ojos Jesucristo fue ya presentado claramente entre vosotros como crucificado?

En la versión bíblica NTV dice "*Oh gálatas tontos, ¿quien los ha hechizado...?*" cuando la gente se convierte en seguidores de hombres, a pesar de que ellos están mal, son manipulados. A los Gálatas se les explico muy bien, el significado de la muerte de Jesús en la cruz.

¿Cuándo puedes identificar rápidamente tu identidad? ¿Cómo puedes reprender un encantamiento sino sabes que se está manifestando? Encantamiento es un hechizo, o una influencia diabólica.

Jesús le dijo a al diablo: "*vete de mí*

¡Reconócela!

Satanás"...esta es la forma en que debes contestar. Cuando viene la mentira, el pensamiento erróneo hay que identificarlo, y hacer como Jesús, pensamiento, engaño, hechizo, vete de mí en el Nombre de Jesús, porque escrito está; y nombrar el texto bíblico.

Nunca tendrás autoridad sino tienes revelación de la Palabra; tú no puedes ser un adorador efectivo sino la conoces y no la sabes usar con poder.

Ni siquiera podrás ser un músico ungido, sino tienes revelación de la Palabra. Los músicos y los que adoran son los que más tienen que tener revelación de la Palabra. La explicación es que la Palabra de Dios se conecta a tu espíritu; la Palabra te revela el principio de que tienes autoridad para reprender y confrontar el mundo espiritual.

Juan 1:12 NTV

..."*pero a todos los que creyeron en él y lo recibieron, les dio el derecho de llegar a ser hijos de Dios*".

Hoy tenemos la adoración en espíritu y en verdad, la cual es un medio para recibir de

La Verdadera Identidad

Dios, lo que Él nos ofrece que es, su regalo de vida.

Juan 4:10 NTV

...Si tan solo supieras el regalo que Dios tiene para ti y con quién estás hablando, tú me pedirías a mí, y yo te daría agua viva.

A través de la adoración, entras al cielo donde está el trono de Dios, a través de la sangre de Cristo. Allí sientes la presencia de Dios como nunca antes y el Padre que está sentado en el trono te da la verdadera identidad de hijo.

La identidad del Padre está por encima de las emociones personales.

Las emociones trabajan oponiéndose a la salvación. Vivir siempre bajo el designio de tu propio estado de ánimo, es contrario a vivir por el Espíritu de Dios. No hay ninguna parte en la Biblia que muestre que se puede conocer a Dios por ellas. Al contario el alma y la mente son calificadas como enemigas de la fe porque siempre llevan a la persona a la duda.

Al contrario para recibir la vida en el Espíritu se tiene que tener un corazón contrito y humillado

¡Reconócela!

Salmos 51:17 NTV

El sacrificio que sí deseas es un espíritu quebrantado; tú no rechazarás un corazón arrepentido y quebrantado, oh Dios.

Las experiencias humanas, juegan un papel muy importante en la vida pero ellas no sustituyen la Presencia de Dios.

Muchas veces algunos se dejan llevar por las emociones y dicen cosas que no están basadas en la verdadera revelación de la Palabra de Dios. Nadie se puede dejar llevar por las emociones, ellas son muchas veces inciertas y peligrosas. La Biblia dice: *"hay caminos que al hombre le parecen rectos, pero su fin son caminos de muerte"*.

Los sentimientos salen del corazón y a veces no son cien por ciento confiable.

Jeremías 17:9 RVR1960

..."Engañoso es el corazón más que todas las cosas, y perverso; ¿quién lo conocerá?"

Lo que Dios te enseña, es que tus emociones deben ser controladas por medio de su Espíritu. El creyente bajo la dirección del Espíritu Santo se somete a Él para hacer la voluntad de Dios agradable y perfecta. A menudo los sentimientos basados en las emociones, te podrá hacer sentir que hagas algo de una u, otra forma, y al caminar por ese sendero, de repente el Espíritu Santo te recuerda: "no es ese el lugar, retorna y vuelve al lugar de donde saliste" mientras que dentro de ti hay una batalla que no quiere aceptar la voz de Dios y piensas: *"perdóname, pero yo siento que debo ir por el otro lado"*, el Espíritu de Dios te lo va a volver advertir, pero si tú persistes en hacer lo que tus pensamientos te indican, negando lo que el Espíritu te dirige, entonces tú estarás caminando hacia una tentación que te podrá llevar al lugar del fracaso o la frustración.

Éxodo 13:21 dice: *que su Dios Jehová iba delante de ellos para guiarlos de día y de noche.*

También leemos en **Jeremías 10:23** RVR1960 *"Conozco, oh Jehová, que el hombre no es señor de su camino, ni del hombre que camina es el ordenar sus pasos".*
La Palabra de Dios nos indica que tú no eres dueño de tu camino, Jesús es el camino al Padre. Las emociones no son el camino al Padre; la revelación de conocer al Señor viene cuando tienes una intimidad con Él.

¡Reconócela!

¿Cómo puedes adorar y conectarte con el Espíritu de Dios para entender que eres verdaderamente un adorador conforme al corazón del Padre? La respuesta es fácil, si tienes relación con Él, es porque lo conoces.

Si te dan la oportunidad de participar en algo en la obra del Señor, ¿oraste primeramente para prepararte? ¿Le preguntaste a Dios cuál era su voluntad para lo que tenías que hacer?, ¿puedes escuchar la voz de Dios claramente? ¿Estás habituado a oír su voz y a conocer quien es Dios?

La Palabra "conocer" en griego es /*ginosko*/ y significa: "*una frecuente relación entre la persona que conoce y la persona conocida*".

Conocer a Dios es tener un profundo conocimiento y relación con Él.

Esa relación te lleva a la comunión íntima, que se alcanza en la adoración hecha en el espíritu. A más intimidad y más relación, más conocimiento. Entre menos relación e intimidad más frialdad crece en tu corazón. Mucha gente cree conocer a Dios sin embargo no caminan en sus caminos.

¿Cómo se puede caminar por donde Él quiere, si aún no se le conoce?

Conocerle es querer agradarle en todo.

Muchas veces cuando estoy estudiando la Palabra soy impactado hasta lo más profundo de mi ser, cuando compruebo que ese texto bíblico que lo he leído tantas veces, lo estoy entendiendo de una manera mucho más profundo que antes. Haciéndose rhema dentro de mí. lo que está escrito, esto sucede cuando inviertes tiempo, y estas dispuesto a sacrificar las horas que te entretienen, para rendirlas y entregárselas a Dios, recuerda que Él te dice redimiendo el tiempo porque los días son malos.

No hay cosa de más excelencia cuando en el momento de la alabanza en un servicio, el Espíritu de Dios desciende sobre todos aquellos que adoran y comienza a fluir una unción profética de cánticos nuevos. No es el momento de hacer guerra quizá, pero sí de seguir cantando proféticamente, porque cada líder de adoración tiene que aprender a fluir en el río de Dios. Cuanto más le adoras, más su gloria te llena, y estás en sintonía con el cielo, conectado para recibir de parte de Dios

¡Reconócela!

lo que te fortalece.

El Padre celestial en la adoración se conecta con tu espíritu y solo Él te puede dar identidad de Hijo.

Por eso es tan importante la adoración ella es el camino a conocer quién eres. Cuando tú sabes que no es la opinión de los demás sobre ti, que no son tus sentidos naturales, sino lo que Dios impregna en ti: *una vivencia con su presencia,* eso te hará estar confiado.

No es tu justicia, es la justicia que el Padre obtuvo en su hijo por ti. Porque la justicia que puede ofrecer el hombre delante del Padre es considerada como harapos, algo inservible o sin justificación aplicable.

En la Palabra tiene un significado más bajo aún, cuando se refiere a la justicia del mismo hombre, es: "como trapos de inmundicias". Algo que no es válido, careciente de valor para ser aceptado como la "deuda" al fiador.

El Padre necesitaba alguien que pagara la deuda que dejo el pecado cuando entró en el corazón del hombre, y solo la sangre de Jesús fue el precio de esa deuda costosa, mucho más que lingotes de oro o monedas de plata.

Por tal razón, la adoración es el agradecimiento personal de aquel que entiende, que por la ofrenda de Cristo, nuestra deuda fue pagada frente al Padre. Ahí está la verdadera gratitud en la alabanza, es cuando le adoramos honrando al Hijo y al Padre, por aceptar la ofrenda que dio Cristo en nuestro lugar.

¿Cómo no vamos a tener gratitud y darle alabanzas cuando Jesús pago nuestra deuda?

La adoración es "fruto de labios que reconocen la verdad de la justicia divina". No es simplemente un pensamiento, o una canción, es un corazón agradecido que cree y entiende la obra maravillosa de Jesús.

Es bajo la promesa de Dios, dada a tu vida que te dice: *"siempre te voy a sustentar, con la diestra de mi Justicia."*

Por eso el verdadero adorador lo hace con la única y *genuina verdad* que es nacida de la justicia del Padre. No la que se exalta así mismo, sino la verdadera adoración que es aceptada por el Padre, la que está basada en

¡Reconócela!

ésta verdad absoluta. ¡La Gloria siempre será para Jesucristo!

Proverbios 3:5-6 RVR1960

...*⁵ Fíate de Jehová de todo tu corazón, Y no te apoyes en tu propia prudencia. ⁶ Reconócelo en todos tus caminos, Y él enderezará tus veredas.*
Aquí hay una palabra muy importante y es reconócelo.

Jamás llegarás a *conocer* a Dios, si primero no lo reconoces.

Reconocer es distinguir, identificar una persona entre varias personas en un lugar. También es conocer las características propias de esa persona. La palabra reconocimiento es distinguir, entonces es fácil la aplicación a esto: *Dios no reconocerá a una persona que no le ha conocido a Él primero.* Cuando yo tengo una identidad verdadera estoy conectado con el Padre que me da esa identidad, y por cuanto yo le reconozco a Él como el dador de la salvación. La palabra reconocimiento es también: *examinar con cuidado.* Poder examinar una persona para conocer mejor su estado y condición. Para ello debes de preocuparte de entender la verdad de la justicia divina. Esforzarte a indagar para profundizar en la revelación divina.

Entonces llegaras a la conclusión siguiente: ¿Cómo se puede adorar a Dios, sin conocerlo? La adoración nace en el secreto de la oración, en la intimidad de Dios primeramente, porque es la consecuencia de la pasión por él. En esa búsqueda continua, Dios mismo se te va revelando al corazón. Cuando reconoces a Dios, como Señor, todo lo tuyo se lo entregas a Él. Ese acto es "rendición" reconociendo que Él es un Dios soberano. Mientras tú te rindes, Él te da la seguridad que necesitas.

Salmo 9:10 RVR1960
...En ti confiarán los que conocen tu nombre, Por cuanto tú, oh Jehová, no desamparaste a los que te buscaron.

Cuando aceptas que el Señor debe estar en todo lo que haces y eres, aprendes a depender de Él totalmente. Recibes esa revelación de Hijo, que te lleva a la sabiduría, y te enseña a no apoyarte en tu propia opinión. Cuanto más intimidad tienes con Él, más adorador eres, entonces menos errores vas a cometer en la vida.

¡Reconócela!

Proverbios 28:26 RVR1960

*...El que confía en su propio corazón es necio;
Más el que camina en sabiduría será librado.*

Si entendieras cada Palabra que el Señor te da, y la pusieras por obra, te evitarías muchos problemas. Todo tiene su tiempo, y todo tiene su propósito. Te invito a que puedas hacer la siguiente oración delante del Dios Todopoderoso:

"**Padre, ayúdame a entender que solo puedo tener mi identidad verdadera cuando te adoro y te reconozco en todos mis caminos, porque tu enderezas mis pasos. Ayúdame a conocer cada día más íntimamente quien eres, en toda la majestad de tu gloria y poder, con todo mi ser te doy gracias en esta hora, por amarme de la manera que lo haces cada momento, ayúdame hacerte fiel cada día de mis días, a rendirme por completo delante de tu santa presencia, y que jamás pierda la identidad verdadera que me has dado, para vida eterna, es en el nombre que sobre todo nombre de mi amado salvador y Señor Jesucristo que te pido todo esto ahora y siempre, amen.**

CAPÍTULO 8

Tu Identidad Cristiana

¿Cuántos de ustedes saben quiénes son? Saben su nombre, apellido y dirección.; Ahora, ¿cuantos conocen su identidad como Cristianos? O sea, lo que son, lo que tienen y lo que pueden en Cristo? Les pregunto en este momento: ¿si murieran en este instante, donde pasarían el resto de la eternidad? ¿En el cielo o en el infierno?

Si tu respuesta es: No lo sé, y ya recibiste a Cristo en tu corazón, entonces tienes un problema de identidad.

Y si tu respuesta es: No lo sé, y aún no has aceptado a Jesús como tu Señor y salvador, entonces tienes razón de preocuparte en donde pasaras la eternidad.

I. El Valor de la Identidad

Tu identidad es algo muy valioso, si no sabes quién eres, entonces no sabrás a dónde vas.

La Verdadera Identidad

Como cristiano nacidos de nuevo por la fe en Jesucristo, tienes una nueva identidad, un propósito, un destino; pero el enemigo se ha encargado de distorsionar esa identidad con sus mentiras y falsas creencias, anulando así, toda efectividad y poder en tu vida.

Es evidente que Satanás continúa atacando esa área de la vida del creyente porque sabe que mientras más lejos estés de tu identidad, más cerca estarás del fracaso.

II. Significados de la Identidad

1.- Identidad.- cualidad de idéntico. Idéntico significa: "Igual", "lo mismo"
2.-El segundo significado de identidad, es un significado jurídico. Identidad, en este sentido, es el hecho de ser una persona o cosa la misma que se supone o se busca.

III. ¿Cuál Es Tu Identidad Sin Cristo?

a) La verdadera identidad no proviene de lo que soy o lo que he logrado, sino de lo que Dios ha hecho en mí. (Filipenses 3:4-9)

Tu Identidad Cristiana

b) El mundo me da una identidad específica y se basa en:
1. ¿Quiénes son mis padres?
2. ¿Qué nacionalidad tengo?
3. ¿Qué profesión o trabajo realizó?

c) La Biblia declara que sin Cristo éramos: (Efesios 2:1-3)
1. Hijos de desobediencia.
2. Hijos de ira.
3. Hacíamos la voluntad de la carne.

Debemos estar seguros de nuestra identidad en Cristo Jesús.

Efesios 2:13 RVR1960

Pero ahora en Cristo Jesús, vosotros que en otro tiempo estabais lejos, habéis sido cercanos por la sangre de Cristo.

Una de las cosas con la que más lucha el ser humano es con la identidad, y ésta, en cada uno de nosotros, tiene que ver con tres preguntas que debemos respondernos. Quien sepa contestarlas sabe perfectamente cuál es su identidad.

¿Quién Soy?

Piénsalo bien porque la gente está muy confundida a la hora de responder, no muchos logran contestarla o lo hacen mal, pero si sabes responderla entonces estás bien orientado respecto de tu identidad. Saber quién eres es esencial para conocer cuál es tu identidad.

¿De Dónde Vengo?

Esto tiene que ver con el origen, con tu pasado. Si sabes dónde vienes, entonces tienes una identidad bien definida.

¿A Dónde Voy?

Y se refiere al futuro, tiene que ver con tu destino. ¿Conoces tu destino? ¿Sabes bien a dónde vas? Quien conteste a estas tres preguntas está perfectamente ubicado en la vida, sabe para qué existe, sabe para qué ha venido al mundo y lo que tiene que hacer.

Identidad Virtual Vs. Identidad Real

Juan 8:14 RVR1960

Respondió Jesús y les dijo: Aunque yo doy

testimonio acerca de mí mismo, mi testimonio es verdadero, porque sé de dónde he venido y a dónde voy; pero vosotros no sabéis de dónde vengo, ni a dónde voy.

Jesús era una persona consciente de dónde venía y a dónde iba.

Mateo 16:17 RVR1960
Entonces le respondió Jesús: Bienaventurado eres, Simón, hijo de Jonás, porque no te lo reveló carne ni sangre, sino mi Padre que está en los cielos.

Este pasaje bíblico muestra que Jesús sabía bien quién era, ¿por qué?

Porque mientras mantenía una conversación con sus discípulos les preguntó quién decía la gente que era él, entonces los discípulos le respondieron que algunas personas señalaban que era Jeremías, otros que era Juan el Bautista, otros pensaban que era Elías. Y el Señor les pregunta:

Y vosotros, ¿quién decís que soy yo? Respondiendo Simón Pedro, dijo: Tú eres el Cristo, el Hijo del Dios viviente. Mateo 16:16.

La Verdadera Identidad

Entonces Jesús le dijo: Bienaventurado eres Pedro porque este conocimiento no te fue dado de la opinión de la gente sino que es la revelación de mi Padre que está en los cielos.

Jesús sabía bien que Él era el Hijo del Dios viviente tal como lo dijo Pedro. Si le preguntas a Jesús quién es, Él te responderá: Yo soy el Cristo, el hijo del Dios viviente. Yo sé bien quién soy.

Quién sabe quién es, sabe a qué ha venido al mundo, qué tiene que hacer y cuál es su objetivo en la vida.

Es importante que conozcas tu identidad.

Pero, hay una identidad que tiene que ver con lo que tú piensas que eres, con lo que tus padres o la gente piensan que eres, y esto realmente se podría llamar una especie de identidad virtual.

Lo que tú piensas de ti mismo puede limitar las posibilidades de lo que debes o puedes hacer. Muchas veces se puede tener una identidad virtual, o sea, una idea errada de lo que realmente eres y cuando sucede esto estas limitado en cuanto a saber para qué existes y cuál es el verdadero propósito de Dios en tu vida y qué debes hacer para alcanzarlo.

Son muchos los que creen que nunca van a lograr nada, por ejemplo, si tu madre te dijo toda la vida que eres un/a inútil, que no sirves para nada, tú has tomado esa identidad como una realidad virtual y dices: Soy un/a inútil y nunca voy a llegar a nada.

Entonces trabajas solamente para existir, mas no tienes una capacidad de entender cuál es la razón de tu existencia, porque piensas acerca de ti mismo que nunca vas a llegar a nada y nunca vas a lograr nada.

¿Te das cuenta qué importante es el término identidad?

Esta identidad virtual viene afectada por lo que tu opinas o por lo que la gente ha pensado acerca de ti

¿Mi identidad tiene que ver con lo que yo pienso que soy o por lo que las personas piensan que soy?

La verdadera identidad no es nada de eso.

Recuerda que todos opinaban algo diferente en cuanto a quién era Jesús, sin embargo, ¿era Jesús Elías o Jeremías? ¡No, no era ninguno de ellos! Él tenía una identidad que no venía dada por lo que pensaba la gente.

El Señor le respondió: Bienaventurado eres Pedro, porque esto no te lo reveló carne ni sangre, no es la opinión de la gente, esto te lo ha revelado mi Padre que está en los cielos.

Por lo tanto, Jesús no es lo que la gente opina, Él es lo que el Padre le revela a Pedro y esto ya lo sabía antes de que él recibiera esa revelación.

Identidad Ligada al Origen

Una persona no es lo que piensa de sí misma que es, sino lo que Dios determino que esa persona es. Por lo tanto, conocer quién soy, no tiene que ver con andar investigando qué es lo que puedo hacer, qué opina mi padre o la gente que soy sino que tengo que buscar en Dios mi verdadera identidad, porque Él fue quien me creo y me formo.

La identidad de cada uno de nosotros tiene que ver con una genuina revelación de Dios a nuestras vidas. Cuando un ser humano viene al mundo no nace por casualidad o por error, Dios trae a las personas al mundo. Él da identidad a las personas.

El tema de la identidad se ha convertido en un problema serio; por eso, cuando las personas nacen se las registra inmediatamente; todos los países tienen un registro porque es importante identificarlas y que éstas tengan su identidad.

El verdadero origen de la identidad viene por medio de Jesucristo.

Por lo tanto existe un origen virtual o un origen real. Muchos creen que venimos del mono o de la materia. Cuando la Biblia dice que Cristo dio su vida por nosotros y nos rescató derramando su sangre preciosa en la cruz del calvario, Él nos dio vida. Cuando las personas tienen un encuentro con Cristo, se encuentran con su verdadero origen, con su verdadera identidad.

Dios le dijo al profeta Jeremías: Antes que te formase en el vientre te conocí, y antes que nacieses te santifiqué, te di por profeta a las naciones. Jeremías 1:5.

La Verdadera Identidad

Fíjate la opinión que tenía la gente de Jesús: Felipe halló a Natanael, y le dijo: Hemos hallado a aquél de quien escribió Moisés en la ley, así como los profetas: a Jesús, el hijo de José, de Nazaret. Natanael le dijo: ¿De Nazaret puede salir algo de bueno? Le dijo Felipe: Ven y ve. Juan 1:45-46.

La idea de la gente era que de Nazaret no podía salir algo bueno. Jesús creció en Nazaret, el Mesías, el Libertador, el Hijo del Dios viviente, ¡no es lo que piensa la gente. Él es el cordero que fue inmolado desde el principio. Cristo ya era el cordero inmolado en la cruz del calvario cuando todavía no había ni mundo ni calvario.

¡La Biblia dice que yo provengo de Dios! Señala también que Dios ha pensado todas las cosas desde el principio y nos conoce desde antes de nacer, así como conocía a Jeremías y así como dice la Biblia que Jesús es el Cordero inmolado desde el principio del mundo.

La gente está muy confundida, no saben cuál es su identidad. Los hombres no saben si son hombres y las mujeres no saben si son mujeres. Muchos dicen tengo un problema, soy hombre pero siento que soy mujer. Qué problema de identidad.

Has venido al mundo con algunas cosas de más y otras de menos. Eso sí que es un drama. Salió mal de fábrica. Existen hoy en día muchas fábricas que se hace responsable si algún producto sale mal y lo arreglan, o lo sustituyen por otras piezas nuevas, más la fábrica de Dios es perfecta. Él sabe quién eres, cuál es tu origen y cuál es tu destino, porque Dios le ha dado origen y destino a todo lo que ha hecho, y en sus soberanía divina no existen los errores ni las fallas.

Tu identidad no es algo que tienes que buscar. Muchos dicen que uno la tiene que ir buscando en la vida, pero no es que puedes elegirla entre muchas identidades sino que hay una sola identidad para ti y la tiene Dios y es una revelación que él te tiene que dar, para comprender plenamente la identidad que Él mismo te ha dado.

Te invito para que puedas leer y meditar en la gran verdad de la Palabra de Dios, que afirman tu verdadera identidad como cristiano, por medio de los siguientes textos bíblicos:

La Verdadera Identidad

- Salmo 139:1, Jehová, tú me has examinado y conocido. **Estoy conocido por Dios.**

- Salmo 139:13, Tú creaste mis entrañas; me formaste en el vientre de mi madre. **Estoy creado y formado por Dios.**

- Salmo 139:14, Te alabo porque soy una creación admirable! ¡Tus obras son maravillosas, y esto lo sé muy bien **Soy una criatura admirable.**

- Salmo 139:16, Tus ojos vieron mi cuerpo en gestación: todo estaba ya escrito en tu libro; todos mis días se estaban diseñando, aunque no existía uno solo de ellos." **Soy un objeto de Su voluntad.**

- Romanos 5:1, En consecuencia, ya que hemos sido justificados mediante la fe, tenemos paz con Dios por medio de nuestro Señor Jesucristo. **Estoy justificado.**

- Romanos 5:8, Pero Dios demuestra su amor por nosotros en esto: en que cuando todavía éramos pecadores, Cristo murió por nosotros. **Aun siendo**

Tu Identidad Cristiana

yo un pecador, Cristo demostró su amor y murió por mis pecados.

- Romanos 6:6, Sabemos que nuestra vieja naturaleza fue crucificada con él para que nuestro cuerpo pecaminoso perdiera su poder, de modo que ya no siguiéramos siendo esclavos del pecado;" **Estoy librado del poder del pecado.**

- Romanos 8:1, Por lo tanto, ya no hay ninguna condenación para los que están unidos a Cristo Jesús. **Estoy perdonado y no condenado por mi pecado.**

- Romanos 8:15, Y ustedes no recibieron un espíritu que de nuevo los esclavice al miedo, sino el Espíritu que los adopta como hijos y les permite clamar: ¡Abba! ¡Padre! **Soy un hijo de Dios.**

- Romanos 8:38-39, Pues estoy convencido de que ni la muerte ni la vida, ni los ángeles ni los demonios, ni lo presente ni lo por venir, ni los poderes, ni lo alto ni lo profundo, ni cosa alguna en toda la creación, podrá apartarnos del amor que Dios nos ha manifesto en Cristo Jesús nuestro Señor. **Estoy seguro en el amor de Dios.**

- Efesios 1:3, Alabado sea Dios, Padre de nuestro Señor Jesucristo, que nos ha bendecido en las regiones celestiales con toda bendición espiritual en Cristo. **Estoy bendecido espiritualmente.**

- Efesios 1:11, En Cristo también fuimos hechos herederos, pues fuimos predestinados según el plan de aquel que hace todas las cosas conforme al designio de su voluntad, **Soy un heredero de Dios según Su voluntad.**

- Efesios 2:10, Porque somos hechura de Dios, creados en Cristo Jesús para buenas obras, las cuales Dios dispuso de antemano a fin de que las pongamos en práctica. **Soy una hechura de Dios.**

CAPÍTULO 9

La Inmoralidad Anula la Auténtica Identidad

Moral es una palabra de origen latino, que proviene del término /*moris*/ que significa: "costumbre". Se trata de un conjunto de creencias, costumbres, valores y normas de una persona o de un grupo social, que funciona como una guía para actuar y vivir. Es decir, la moral orienta acerca de qué acciones son correctas y cuales son incorrectas.

¿Por qué el Poder de la Identidad Espiritual Depende de la Pureza Moral?

Moral es la suma total del conocimiento que se adquiere sobre lo más alto y noble, que una persona respeta en su conducta. Las creencias sobre la moralidad son generalizadas y codificadas en una cierta cultura o en un grupo social determinado, por lo que la moral regula el comportamiento de sus miembros. Por otra parte, la moral suele ser identificada con los deseos físicos como la energía nuclear, que se desatada con destrucción devastadora, o puede ser controlada y así traer beneficios. La Escritura te exhorta a huir también de las pasiones juveniles.

2 Timoteo 2:22 NTV
Huye de todo lo que estimule las pasiones juveniles. En cambio, sigue la vida recta, la fidelidad, el amor y la paz. Disfruta del compañerismo de los que invocan al Señor con un corazón puro.

También te exhorta a guardar el corazón por encima de todo.

Proverbios 4:23 NTV
Sobre todas las cosas cuida tu corazón, porque este determina el rumbo de tu vida.

Cosa que no se hace, por eso, siempre el ser humano está envuelto en sus propios conflictos.

Gálatas 5:16-17 RVR1960
Digo, pues: Andad en el Espíritu, y no satisfagáis los deseos de la carne. Porque el deseo de la carne es contra el Espíritu, y el del Espíritu es contra la carne; y éstos se oponen entre sí, para que no hagáis lo que quisiereis."

¿Qué Significa Tener Libertad Moral?

La libertad moral es tener tus impulsos físicos bajo el control del Espíritu Santo.

Juan 7:38 RVR1960
El que cree en mí, como dice la Escritura, de su interior correrán ríos de agua viva.

Libertad moral no es el derecho de hacer lo que uno desea, es hacer lo que se debe hacer.

Es *"... ser fortalecidos con poder en el hombre interior por su Espíritu; para que habite Cristo por la fe en vuestros corazones, a fin de que, arraigados y cimentados en amor, seáis plenamente capaces de comprender con todos los santos ... El amor de Cristo, que excede a todo conocimiento.* Efesios 3:16-19.

Dios te diseñó con tres impulsos internos. Estos se enumeran en orden en el siguiente pasaje bíblico:

1 Tesalonicenses 5:23 RVR1960
"Y el mismo Dios de paz os santifique por completo; y todo vuestro ser, espíritu, alma y cuerpo sea guardado irreprensible para la venida de nuestro Señor Jesucristo".

La Verdadera Identidad

Es difícil separar el espíritu humano del alma, sin embargo, la Palabra de Dios si lo puede hacer.

Hebreos 4:12 RVR1960
"Porque la palabra de Dios es viva y eficaz, y más cortante que toda espada de dos filos; y penetra hasta partir el alma y el espíritu..."

Cuando tú llegas a ser cristiano, el Espíritu de Dios fue unido a tu espíritu humano. Para que Dios habite dentro de ti.

¿Qué Es lo Que Sucede en Tu Espíritu?

La fe no es un salto a ciegas en la obscuridad; es discernir lo que Dios desea lograr en, y a través de tu vida.

Tu espíritu es la morada de la FE.

La primera función de la fe es creer en Cristo para salvación del alma. El Espíritu Santo entonces hace su morada en tu espíritu, y confirma que eres cristiano.

La Inmoralidad Anula la Auténtica Identidad

Romanos 8:16 RVR1960
"El Espíritu mismo da testimonio a nuestro espíritu, de que somos hijos de Dios".

Por la fe es únicamente, que eres capaz de percibir y aceptar las normas morales de Dios.

Tu espíritu traerá convicción a tu mente cuando estés a punto de hacer algo que es moralmente impuro. Por otra parte, en tu espíritu, es que tus sentidos son *"...ejercitados en el discernimiento del bien y del mal"* Hebreos 5:14.

Los impulsos de la carne juntamente con la desobediencia es pecado, y eso entristecerá al Espíritu Santo, logrando que se apague en ti su presencia.

En tu espíritu mora la sabiduría de Dios.

La sabiduría es ver la vida con la perspectiva de Dios. Conforme llenas tu alma con la Palabra de Dios, tu espíritu experimentará sabiduría.

Salmos 51:6 RVR1960
"He aquí, tú amas la verdad en lo íntimo, y en

lo secreto me has hecho comprender sabiduría."

Una persona sabia es capaz de identificar la inmoralidad como insensatez. Por otra parte, el simple es conducido fácilmente a la inmoralidad.

La creatividad es la capacidad para ver una necesidad, una tarea, o una idea desde una perspectiva nueva.

Esta habilidad es especialmente importante para poder encontrar una salida en la tentación:

1 Corintios 10:13 RVR1960
"No os ha sobrevenido ninguna tentación que no sea humana; pero fiel es Dios, que no os dejará ser tentados más de lo que podéis resistir, sino que dará también juntamente con la tentación la salida, para que podáis soportar"

Tu Espíritu es la Morada de la Comunión

Comunión es una función de tu espíritu con el

Espíritu Santo, mientras que amistad es una función de nuestra alma. Tú puedes tener comunión con otros cristianos, porque tu espíritu es capaz de comunicarse con el espíritu de ellos.

1 Juan 1:7 RVR1960
"...Si andamos en luz, como Él está en luz, tenemos comunión unos con otros..."

También puedes tener comunión con el Señor porque su Espíritu mora en ti.

1 Corintios 2:11 RVR1960
"Porque ¿quién de los hombres sabe las cosas del hombre, sino el espíritu del hombre que está en él? Así tampoco nadie conoció las cosas de Dios, sino el Espíritu de Dios."

La pureza moral es esencial para la comunión, porque el Espíritu de Dios no puede tener comunión con el pecado

2 Corintios 6:14 NTV
No se asocien íntimamente con los que son incrédulos. ¿Cómo puede la justicia asociarse con la maldad? ¿Cómo puede la luz vivir con las tinieblas?

Tu Espíritu es la Morada de la Adoración

La verdadera adoración es una función del espíritu. *"Dios es Espíritu; y los que le adoran, en espíritu y en verdad es necesario que le adoren" (Juan 4:24).* La adoración se destruye cuando se rechaza la verdad de las normas morales piadosas, y por tanto, se le entristece al Espíritu Santo.

La Importancia del Discernimiento

El discernimiento de la verdad viene por la manifestación de ese don manifestado en tu espíritu por el Espíritu Santo.

1 Corintios 2:10 RVR1960
"...Pero Dios nos las reveló a nosotros por el Espíritu; porque el Espíritu todo lo escudriña, aun lo profundo de Dios."

Por otra parte:

Corintios 2:14 RVR1960
"...el hombre natural no percibe las cosas que son del Espíritu de Dios, porque para él son locura, y no las puede entender, porque se han de discernir espiritualmente"

La Inmoralidad Anula la Auténtica Identidad

El discernimiento de la sabiduría te librará del hombre malvado y de la mujer extraña

Proverbios 2:12, 16 RVR1960
12 *Para librarte del mal camino, De los hombres que hablan perversidades,*
16 *Serás librado de la mujer extraña, De la ajena que halaga con sus palabras,*

¿Qué es lo Que Sucede en Tu Alma?

La palabra griega para "alma", /*psuqué*/, se pronuncia "*pseuqué*" y es la palabra de la que se deriva la palabra psicología. El alma es la parte ejecutiva de nuestro ser. Recibe información de nuestros sentidos físicos, y desarrolla pensamientos, sentimientos, y decisiones en base a la información.

Cuando tu alma toma decisiones en base a las directrices del Espíritu Santo, estarás ocupado en el mover del Espíritu. Por el contrario si tu alma toma decisiones en base únicamente a los impulsos de la carne, tendrás una mente carnal. Esto producirá esclavitud moral, y muerte.

Romanos 8:6-8 RVR1960
6 *"Porque el ocuparse de la carne es muerte,*

pero el ocuparse del Espíritu es vida y paz. *7 Por cuanto los designios de la carne son enemistad contra Dios; porque no se sujetan a la ley de Dios, ni tampoco pueden; 8 y los que viven según la carne no pueden agradar a Dios".*

Para tener el poder de Dios y ser usado poderosamente por Él, debes llegar al punto de someter tu mente, voluntad y emociones al control del Espíritu Santo.

¿Qué es lo Que Sucede en Tu Cuerpo?

De la misma manera en que tu espíritu abre tu vida al mundo espiritual, tus sentidos físicos de gusto, tacto, vista, oído y olfato abren tu vida al mundo físico. Dios creó los sentidos físicos, y siempre que estén bajo el control del Espíritu Santo, traerán gozo y satisfacción para ti, y para los que te rodean.

Poderoso en Espíritu

La meta de la vida cristiana es producir amor, que brota de un corazón puro, una buena conciencia, y una fe genuina.

1 Timoteo 1:5 NTV

El propósito de mi instrucción es que todos los creyentes sean llenos del amor que brota de un corazón puro, de una conciencia limpia y de una fe sincera."

Esta clase de amor sólo es posible cuando en tu vida estás experimentando libertad moral. La esencia del amor genuino es dar, mientras la esencia y la meta de la lascivia es obtener. El amor siempre puede esperar para dar, pero la lascivia nunca puede esperar para obtener.

El amor genuino consiste en dar para las necesidades básicas de otras personas, sin la motivación de la ganancia personal.

CAPÍTULO 10

Cómo Ser Libre de los Hábitos Pecaminosos

La Palabra de Dios te enseña como vivir en victoria sobre las obras de pecado que combaten dentro de cada uno. El poder de la Palabra de Dios te da las herramientas para vencer la tentación y estar libre de contaminación, ataduras y opresiones, que son las causas, por no vencer al pecado. Lo que trae la conquista para la impureza moral tanto en los pensamientos como en el cuerpo se enfatiza en Romanos capitulos 6 y 7. Alli se enseña las dos maneras que puede vivir un cristiano.

Santiago 1:21 RVR1960
Recibid con mansedumbre la palabra implantada, la cual puede salvar vuestras almas.

Si meditas en las enseñanzas de Romanos 6 al 8, estos pasajes se convertirán en la expresión de tus palabras, voluntad y emociones, arraigadas en la verdad de Dios. Eso te dará fruto que edificará tu vida espiriutal. El fruto de Romanos 6 es victoria sobre el pecado *"...El pecado no se enseñoreará de vosotros..."*

Romanos 6:14 NTV
El pecado ya no es más su amo, porque ustedes ya no viven bajo las exigencias de la ley. En cambio, viven en la libertad de la gracia de Dios.

El fruto de Romanos 8 es andar en el Espíritu:

Romanos 8:4 RVR1960
Para que la justicia de la ley se cumpliese en nosotros, que no andamos conforme a la carne, sino conforme al Espíritu.

La otra clave de andar en la libertad moral, es saber que ya has muerto para la vida pecaminosa que te acosaba.

No proveas para los hábitos pecaminosos. En el Salmo 119:9-11 da la clave para mantenerse puro desde la juventud.

"¿Con qué limpiará el joven su camino? Con guardar tu palabra. El secreto entonces esta en guardar la palabra. La palabra guardar en su raiz hebrea es /*shama*/ que significa: Mantener, hacer caso, conservar, tesoro,

preservar.

La Palabra no es un libro para leerlo simplememnte, es para atesorarla en el corazón y seguir las instrucciones caminando y viviendo en ellas, es el espejo en el cual nos miramos para ver si estamos aliniados al rostro del Señor.

Un joven era continuamente atormentado con imaginaciones, lascivias y pensamientos codiciosos. Memorizó Romanos 6 y lo meditó, pero no podía librarse de esta esclavitud en su vida. La razón era obvia: En su cuarto tenía guardadas una revistas pornográficas. En los momentos de tentación, las sacaba para verlas.

La consecuencias de leer material sensual:
- Experimentas culpabilidad al violar las leyes morales que Dios escribió en sus tablas. (10 mandamientos, no codiciarás) al mirar otras mujeres se esta codiciando lo que no te pertenece.
- Dañas tu matrimonio al cometer adulterio mental. (Jesús lo advirtió, que con solo mirar una mujer se puede adulterar)
- Promueves la prostitución al pagar por materiales lascivos.

- Habres puertas para la enfermedad mental, al tener placer sensual sin responsabilidad. Saturas tu alma y mente de suciedad, lográndo entristecer y apagar al Espíritu Santo.

Guarda tu corazón y tus ojos que son las ventanas del alma.

Si estableces la práctica de tolerar lo malo a fin de disfrutar un poco de lo que crees que es placentero, disminuyes tu resistencia al mal. Otros se debilitan al tener acceso constante a leer filosofías y conceptos falsos bajo las raíces de este mundo. Si te expones a gente tolerante al pecado, compartiendo horas en sus hogares, esto te llevará a que tu conciencia se cauterice, mientras que vas perdiendo poco a poco tu amor puro por el Señor.

Compara la ley del pecado con la ley de la gravedad.

Probablemente sea difícil para ti comprender el hecho de que por fe *"estás muerto al pecado"*. El Apóstol Pablo describe claramente en Romanos 7:21-24, acerca de la "ley del pecado". La ley del pecado opera continuamente en nuestros miembros, lo cual proviene de la carne pecaminosa sin redimir. Sin embargo cuando andamos en el Espíritu buscando de Dios, escuchando alabanzas y sacando tiempo para buscarle en oración, estamos anulando y crucificando los deseos de la carne. Detente en analizar este ejemplo. Lo único que tiene que hacer el águila para detener su caída es extender sus alas, y la fuerza de ascensión vencerá la ley de la gravedad.

Romanos 8:2 RVR1960
Porque la ley del Espíritu de vida en Cristo Jesús me ha librado de la ley del pecado y de la muerte.

Todo se centra en Cristo, porque él nos dio vida en medio de la muerte, para que las obras de la carne murieran en todos aquellos que entran en "la ley del Espiritu de vida"

Responsabilizate por la victoria, ante las autoridades establecidas por Dios mismo.

Este es uno de los pasos más importantes para conquistar hábitos. Muchos han dado testimonio de que aún habiendo conocido el evangelio, no han podido conquistar su mal hábito. Fue únicamente cuando informaron discretamente a un padre, pastor, u otra autoridad dada por Dios, acerca de su derrota moral. Al confesar y ser libres llega la victoria completa.

Cada miembro de tu cuerpo debe convertirse en instrumento de justicia.

Tanto el estar muerto para el pecado, como el estar vivo para Dios son esenciales para la victoria sobre los hábitos. Pablo combina estas ideas en Romanos 12:21 cuando dice: *"No seas vencido de lo malo, sino vence con el bien el mal".*

Aprende a ser sensible a los impulsos espirituales.

Dios quiere manifestar su verdadera voluntad a través de tu vida. Únicamente lo lograrás si estás viviendo conforme a la ley del Espíritu, y no conforme a la ley del pecado. ¡Conviérte en un instrumento poderodoso en las manos de Dios y no pierdas jamas la identidad que como hijo de El te capacita para andar en el espiritu y no en la carne entendiendo en lo mas profundo de su ser lo que te muestra las sagradas escrituras.:

Cómo Ser Libre de los Hábitos Pecaminosos

Romanos 8:1,5-6.RVR1960

¹ Ahora, pues, ninguna condenacion hay para los que estan en Cristo Jesus, los que no andan conforme a la carne, sino conforme al Espiritu... ⁵ Porque los que son de la carne piensan en las cosas de la carne; pero los que son del Espiritu, en las cosas del Espiritu. ⁶ Porque el ocuparse de la carne es muerte, pero el ocuparse del Espiritu es vida y paz.

CAPÍTULO 11

El Arrepentimiento Como Código de Seguridad

Hoy podrás visitar iglesia tras iglesia, desde majestuosas catedrales hasta pequeñas congregaciones, y rara vez escucharás una predicación acerca del *arrepentimiento*. Lo mismo ocurre en muchas iglesias evangélicas en toda América y el mundo entero. Por supuesto, hay iglesias que no se comprometen con esta importante doctrina bíblica. Un gran número de llamados cristianos han determinado que el arrepentimiento es un mensaje bastante ofensivo para ser predicado, lo mismo la palabra "pecado", "cruz" condenacion y un sin fin de expresiones de la Biblia. De hecho, denominaciones enteras, han quitado estas expresiones restándole importancia.

En algunas congregaciones solo escucharás instrucciones acerca de cómo ser un negociante exitoso, cómo ser próspero, pero no una palabra que hable de sentir la tristeza que es según Dios por tus pecados.

Estas cosas definitivamente son bíblicas. Pero no escucharás un mensaje de arrepentimiento como el que Pedro predicó en el dia de Pentecostés.

Su predicación llevó a muchos a la libertad en Cristo Jesús. Muchos predicadores modernos podrían horrorizarse de lo que Pedro predicó aquel día. Hechos 2 nos muestra el contexto del poderoso mensaje del apóstol:

Hechos 2:37 RVR1960
Al oír esto, se compungieron de corazón, y dijeron a Pedro y a los otros apóstoles: Varones hermanos, ¿qué haremos?

Como este versículo lo demuestra, debe haber un conocimiento previo de los pecados antes de tener un verdadero arrepentimiento.

Ese es el propósito de la ley: *el dar consciencia de los pecados*. El corazón de aquellas personas en Jerusalén fue conmovido cuando escucharon la Palabra de Dios y solo así reconocieron sus pecados. Pedro respondió a su clamor desesperado instruyéndoles de esta manera:

Hechos 2:38 RVR1960
…"Arrepentíos, y bautícese cada uno de vosotros en el nombre de Jesucristo para perdón de los pecados; y recibiréis el don del

Espíritu Santo."

¿Qué Significa el Arrepentimiento?

El verdadero arrepentimiento produce dolor y pesar por los pecados cometidos habiéndole fallado a Dios.

Arrepentirse consiste en experimentar tal contricción que lleve a cambiar el rumbo de las acciones.

Algo más simple: la contricción de corazón, es volverte de la acción en que ibas e ir en la dirección opuesta. El arrepentimiento te alinea otra vez con el Señor, devolviéndote la comunión que la mala acción te había quitado.

El arrepentimiento es el único camino para obtener el verdadero gozo y ser restaurado. A veces son pequeñas acciones que se cometen diariamente, en las que hay que sentir ese remordimiento y arrepentirse, pidiéndole perdón a Dios. No hay otra forma de entrar en la paz y el reposo de Cristo, sino a través de las puertas del arrepentimiento. Pablo escribió a los Corintios acerca de los frutos que produce el arrepentimiento:

La Verdadera Identidad

2 Corintios 7:10-11 NTV

¹⁰ Pues la clase de tristeza que Dios desea que suframos nos aleja del pecado y trae como resultado salvación. No hay que lamentarse por esa clase de tristeza; pero la tristeza del mundo, a la cual le falta arrepentimiento, resulta en muerte espiritual. ¹¹ ¡Tan solo miren lo que produjo en ustedes esa tristeza que proviene de Dios! Tal fervor, tal ansiedad por limpiar su nombre, tal indignación, tal preocupación, tal deseo de verme, tal celo y tal disposición para castigar lo malo. Ustedes demostraron haber hecho todo lo necesario para corregir la situación.

Es importante saber la carta que Pablo escribió a los Corintios. Él puso en evidencia el pecado de incesto en la congregación, pues nadie había tomado cartas en el asunto. Y debido a que pasaron por alto este terrible pecado, no había tristeza alguna en medio de ellos. Así que Pablo escribió a la iglesia un mensaje duro. entonces, cuando la gente se sentó a leer la carta en voz alta, fueron conmovidos sus corazones. Se arrepintieron, llenos de tristeza y dolor, e hicieron frente al pecado tan vergonzoso que había entre ellos. Ahora Pablo los animaba, diciendo:

"Vean lo que la tristeza de Dios hizo en

ustedes. Produjo prudencia, trajo una indignación en contra de su propio pecado". El arrepentimiento es el único medio por el cual aquellos que están cautivos por el pecado pueden ser liberados y restaurados.

El arrepentimiento y la fe en la sangre redentora de Cristo resultan en la remisión de los pecados, que significa perdón y libertad del poder del pecado. De acuerdo con Pedro, no puede haber conversión, libertad ni nuevo nacimiento sin **arrepentimiento**.

Hechos 3:19 RVR1960
Así que, arrepentíos y convertíos, para que sean borrados vuestros pecados; para que vengan de la presencia del Señor tiempos de refrigerio.

De esta misma manera, Pablo predicó a los atenienses:

Hechos 17:30 RVR1960
Pero Dios, habiendo pasado por alto los tiempos de esta ignorancia, ahora manda a todos los hombres en todo lugar, que se arrepientan.

Jesús dijo que había venido con este mismo propósito:

Lucas 5:32 RVR1960
No he venido a llamar a justos, sino a pecadores al arrepentimiento.

Marcos 2:17 NTV
Cuando Jesús los oyó, les dijo: «La gente sana no necesita médico, los enfermos sí. No he venido a llamar a los que se creen justos, sino a los que saben que son pecadores».

Jesús se compara a sí mismo con un médico que va donde más se le necesita. Es tan absurdo pensar que Jesús se rehusaría atender a los necesitados, es imposible así como un médico no puede negarse atender a los enfermos. Quizás Lucas es todavía más claro cuando escribe:

Lucas 24:46-47 RVR1960
⁴⁶ y les dijo: Así está escrito, y así fue necesario que el Cristo padeciese, y resucitase de los muertos al tercer día; ⁴⁷ y que se predicase en su nombre el arrepentimiento y el perdón de pecados en todas las naciones, comenzando desde Jerusalén"

Es importante entender que, no se podrán ganar a los cautivos mientras estos estén cómodos en sus delitos y pecado. Para hacerles entender la misericordia de

Jesucristo tienen que entender que sus pecados lo separan de Dios, así ellos estarían convictos y listos para abandonar por completo la maldad. Ésta es la única forma de emprender la guerra en el campo espiritual. Y esto solo proviene del Espíritu Santo que da convicción de pecado

Nadie puede llamar a Jesús verdaderamente Señor si su vida no ha sido cambiada, y para ello se necesita el cambio de mente y corazón

Nadie puede decir amar a Jesús si su vida no muestra los frutos de su arrepentimiento. Después de confrontar el pecado con la predicación de arrepentimiento, comenzaran a manifestarse en la vida un gozo indescriptible. Es necesario seguir predicando y enseñando el mismo mensaje que la primera iglesia predicó en Jerusalén el día de Pentecostés: arrepentimiento para perdón de los pecados.

Hoy en día el evangelio de la comodidad y la oferta esta confundiendo a millones

Pregunta importante para reflexionar: ¿cuál es la razón por la cual muchos nunca predican arrepentimiento? ¿Tendrán miedo de perder gente de sus congregaciones? Estoy seguro de que Dios se lamenta de las iglesias que no predican el mensaje de arrepentimiento. De hecho, tengo la convicción de que el Espíritu Santo se aparta entristecido de tales iglesias.

Con todo y esto, creo que hay algo que aflige el corazón de Dios aún más, que el hecho de ser negligentes en predicar arrepentimiento. Y es de aquellos que confiesan sus pecados, que continúen viviendo en incredulidad. Hablo de aquellos quienes han tenido una verdadera convicción de pecado, pero aún no tienen la paz y el gozo que viene con el perdón que trae el arrepentimiento.

El arrepentimiento conduce al perdón y el perdón debe conducir al gozo y la paz.

Estas personas, sin embargo, no tienen tal descanso. Por el contrario, viven en constante temor e inseguridad de salvación. Continúan orando por su salvación e incluso intentan bautizarse una y otra vez. Sencillamente, nunca han comprendido en su totalidad el poder del perdón. Tal como dijo Isaías: *"Pobrecita, fatigada con tempestad, sin consuelo..."* Isaías 54:11.

La opresión por los pecados, memorias y recuerdos de los pecados pasados, no debe cargarse más allá de la cruz.

Cualquier tristeza por los pecados pasados, impuesta voluntariamente, debe ser echada en los raudales de la sangre de Cristo. Finalmente, llega el momento cuando todo aquel que sigue a Cristo escucha las palabras:

Mateo 11:28 RVR1960
"Venid a mí todos los que estáis trabajados y cargados, y yo os haré descansar"

El Señor hace un llamado a todos los que se han arrepentido y creído en su nombre, pero que todavía no pueden gozarse en ello porque llevan una pesada carga de culpabilidad y condenación. A todos estos, Dios los invita a venir a Él y entregarle su pesada carga, para ser llenos de gozo en sus corazones. Cuando hacemos esto, el Espíritu Santo viene a hacer morada en nosotros.

Jesús llamó al Espíritu "El Consolador", cuyo nombre significa "uno que viene a estar a tu lado". A partir de entonces, nunca más andarás solo ni en tus propias fuerzas, sino con la ayuda del Espíritu Santo.

La Verdadera Identidad

Dios te da una promesa adicional cuando dice, que te hace ..."*aptos en toda obra buena para que hagáis su voluntad, haciendo él en vosotros lo que es agradable delante de él por Jesucristo; al cual sea la **gloria por los siglos de los siglos. Amén**" Hebreos 13:21.

En el Padre Celestial se afirma tu destino, tu esperanza, tu verdadera identidad de hijo escogido para llegar a ser participante de la gloria venidera.

Ahora sabes que eres libre para siempre de la maldición de la soledad y de la falta de seguridad. Recuerda esto:
1. Reconoce que Jesús te ama y que te extiende su gracia y misericordia.
2. Arrepiéntete, pidiéndole a Dios que traiga sobre ti tristeza y contricción por tus pecados.
3. Recibe el amor de Dios y descansa en su promesa de perdonarte.
4. Confía en el Nuevo Pacto que te dice: "Seré misericordioso contigo y perdonaré todos tus pecados. Y formaré en ti aquellas cosas que son agradables a mi voluntad".

No estás solo en esta lucha. Él ha enviado su

Santo Espíritu, y el poder del Nombre de Jesús para que venzas al enemigo liberándote de toda esclavitud. Él es el inmutable, la fuerza que te guiará y te fortalecerá en todas tus batallas espirituales.

Ora conmigo: "Padre celestial , gracias por enviar a Jesucristo para ser el camino para llegar a ti. Quiero que siempre me des tu aprobación como Padre y me ayudes a mantener mi confianza y fe en mi futuro que ya tu me lo haz dado. Líbrame de todo auto engaño para que siempre este libre de toda hipocresía, sea un hijo que te honre y adore en Espíritu y verdad. Gracias por esa seguridad que me proporciona el Espíritu Santo para ir creciendo en la gracia y en el favor tuyo con un carácter agradable, paciente y amoroso. En el Nombre de Jesús Amén".

CAPÍTULO 12

Manteniendo la Pureza Moral

Dios te ha dado apetitos físicos normales; sin embargo, también haz nacido cargando en tus genes la naturaleza pecaminosa. Que en cualquier momento se pueden despertar oponiéndose al Espíritu Santo, que mora dentro de cada creyente. Una vez que la persona deja que las malas acciones lo dominen, los apetitos físicos tomarán control de los deseos espirituales. El proceso de despertar incorrectamente los deseos sexuales indebidamente, se llama caer bajo el dominio del espíritu de lascivia.

2 Corintios 12:21 NTV
Así es, tengo miedo de que, cuando vaya de nuevo, Dios me humille ante ustedes. Y quedaré entristecido porque varios de ustedes no han abandonado sus viejos pecados. No se han arrepentido de su impureza, de su inmoralidad sexual ni del intenso deseo por los placeres sensuales.

Gálatas 5:19 NTV
Cuando ustedes siguen los deseos de la naturaleza pecaminosa, los resultados son

más que claros: inmoralidad sexual, impureza, pasiones sensuales...

Romanos 7:8 NTV
¡Pero el pecado usó ese mandamiento para despertar toda clase de deseos codiciosos dentro de mí! Si no existiera la ley, el pecado no tendría ese poder.

1 Tesalonicenses 4:5 RVR1960
no en pasión de concupiscencia, como los gentiles que no conocen a Dios;

La concupiscencia es la condición del alma en la cual la lujuria sensual es más fuerte que los deseos espirituales. Cuando se violan las limitaciones a los deseos dados por Dios, inmediatamente hay sentimientos de culpa. Con mucha frecuencia la persona con la culpa, intentará volver al equilibrio de los impulsos, sólo para descubrir que esto no es posible.

Las pasiones sexuales no retornan automáticamente a niveles más bajos de intensidad. Salomón explicó este problema cuando escribió acerca de las consecuencias que hay cuando un joven pierde su pureza en la casa de una ramera.

Manteniendo la Pureza Moral

Proverbios 2:18-19 RVR1960

¹⁸ *Por lo cual su casa está inclinada a la muerte, y sus veredas hacia los muertos;* ¹⁹ *todos los que a ella se lleguen, no volverán, ni seguirán otra vez los senderos de la vida"*

Las consecuencias se explican más ampliamente en el siguiente pasaje bíblico:

Proverbios 5:20-23 RVR1960

²⁰ *¿Y por qué, hijo mío, andarás ciego con la mujer ajena, y abrazarás el seno de la extraña?* ²¹ *Porque los caminos del hombre están ante los ojos de Jehová, y Él considera todas sus veredas.* ²² *Prenderán al impío sus propias iniquidades, y retenido será con las cuerdas de su pecado.* ²³ *El morirá por falta de corrección, errará por lo inmenso de su locura.*

Se encuentra otro problema en el área de la concupiscencia y es que los deseos sensuales a medida que se ejerce el pecado, siguen creciendo. La impureza moral es como un pozo cenagoso, entre más lucha un hombre dentro de él más profundamente se hunde en él. Una persona réproba es la que ha rechazado la verdad, que ha cauterizado su conciencia, y que cree en su propia mentira. La mentira es que el placer sensual es lo máximo en su vida.

Romanos 1:25-28 RVR1960

²⁵ "Ya que cambiaron la verdad de Dios por la mentira, honrando y dando culto a las criaturas antes que al Creador, el cual es bendito por los siglos. Amén. ²⁶ Por esto Dios los entregó a pasiones vergonzosas; pues aun sus mujeres cambiaron el uso natural por el que es contra naturaleza, ²⁷ y de igual modo también los hombres... ²⁸ Y como ellos no aprobaron tener en cuenta a Dios, Dios los entregó a una mente reprobada...."

El Dilema de Ser de Doble Ánimo Altera por Completo la Identidad Correcta

Cuando se viola la conciencia mediante un acto de impureza moral, se incrementan los impulsos sensuales. En ese momento la mente, la voluntad y las emociones se encuentran en medio de dos fuerzas que se oponen. Por una parte, el alma del creyente desea ser espiritual, por otra parte el alma le gusta ser sensual. Esta condición de "alma doble" es precisamente lo que Santiago describe en su epístola. Explicando que hay

Manteniendo la Pureza Moral

una inconstancia en los actos de dicha persona. El término del hombre carece de sentido, porque no da idea ni de la causa, ni de remedio. Por tanto, intenta compensar lo que falta en su vida espiritual, con esfuerzo religioso, el resultado de esto es una fachada pseudo-religiosa.

> Por fuera parece tener un carácter espiritual fuerte, pero bajo presión, manifiesta una naturaleza carnal.

Al poco tiempo se desarrolla en el alma otro estado, el pseudo-intelectualismo. Con deseos espirituales débiles, e impulsos sensuales fuertes, empieza a discutir y debatir con ideas filosóficas que escucha de otros, o que inventa por cuenta propia. Pablo advierte acerca de estos pseudo-intelectuales:

Tito 3:10-11 NTV

10 Si entre ustedes hay individuos que causan divisiones, dales una primera y una segunda advertencia. Después de eso, no tengas nada más que ver con ellos. 11 Pues personas como esas se han apartado de la verdad y sus propios pecados las condenan.

Explica que éstos discuten, porque tienen

desviaciones morales y lo saben.

¿Por Qué Dos Cristianos Pudieran Diferir Respecto a la Misma Actividad?

Entre más progresa una persona hacia la concupiscencia, y posteriormente a la reprobación, menos le molestan las cosas que anteriormente le inquietaban en su conciencia.

En primer lugar, el Espíritu Santo es entristecido, y por tanto, se apaga la señal que envia para redargüir la conciencia. Segundo, la Palabra de Dios es rechazada en la mente, mientras que es reemplazada por el razonamiento humano. No hay ningún pecado que no pueda racionalizarse con la especulación.

Por último la lujuria tiende a incrementarse, y de una pasión se pasa a una inmoralidad mas baja aún. Dios describe la gama completa de la inmoralidad en Romanos 1. Tres veces en este capítulo encontramos la frase: *"Dios los entregó..."* Es importante observar que en la Escritura esta frase no va seguida de un punto, sino de la palabra "a". Dios no rechaza a la persona; más bien lo entrega a las consecuencias de su propia elección.

La Lascivia Se Convierte en Perversión

En Romanos 1, la primera mención de que Dios "entregó" a una persona, se encuentra en el versículo 24. Dios primero explica que ellos tenían el testimonio de su naturaleza y deidad, por su creación (versículos 19-20), pero se negaron a glorificarle y reconocerlo como Dios, y se volvieron vanos en sus razonamientos.

Romanos 1:19-20 NTV

19 Ellos conocen la verdad acerca de Dios, porque él se la ha hecho evidente. 20 Pues, desde la creación del mundo, todos han visto los cielos y la tierra. Por medio de todo lo que Dios hizo, ellos pueden ver a simple vista las cualidades invisibles de Dios: su poder eterno y su naturaleza divina. Así que no tienen ninguna excusa para no conocer a Dios.

Después de que sus corazones llenos de necedad se entenebrecieron, cambiaron la gloria del Dios Santo, por un dios corruptible, que les permitiera hacer las cosa que ellos querían hacer.

Romanos 1:24 RVR1960
Por lo cual también Dios los entregó a la inmundicia, en las concupiscencias de sus corazones, de modo que deshonraron entre sí sus propios cuerpos.

La inmundicia de la lascivia incluirá el primer nivel de la sensualidad, identificada en la Escritura como concupiscencia. En este primer nivel, Dios entrega a la persona, para que sea objeto de sus propios deseos sensuales. Si esta persona no se arrepiente, entonces proseguirá en su conciencia a reemplazar la mentira por la verdad.

Romanos 1:26 RVR1960
Por esto Dios los entregó a pasiones vergonzosas.

La paga de la lascivia es más lascivia, y la paga de la sensualidad es la destrucción a través de pasiones vergonzosas.

La persona no nace con lascivia, sino que voluntariamente elige participar en la sensualidad. Muchos hoy en día caen víctimas de violadores, que en su temprana edad desestabilizan su identidad, lo cual produce esa dualidad en sus mentes. La Iglesia tiene el poder de Dios atraves del Nombre de Jesús para quitar la marca del abuso siempre y cuando la persona desee hacerlo. Su primer paso sera perdonar al abusador y reconocer que la Sangre de Crtisto lo libera perdonando todos sus pecados.

Curiosidad Natural

La curiosidad natural no tiene nada de malo, siempre que esté bajo el control del Espíritu Santo. Eva podía satisfacer su curiosidad comiendo del fruto de todos los árboles del huerto, excepto uno. La limitación que Dios le impuso a Eva es idéntica a la limitación que se impone cuando se trata de curiosidad.

No trates de adquirir conocimiento del mal mediante la experiencia porque eso empañara y debilitara tu identidad verdadera.

Tu conciencia es un sistema de alarma dado por Dios. Se activa cada vez que te acercas al mal, o el mal se acerca a ti. Tu conciencia te dirá cuando algo está mal, aun cuando tus amistades o maestros traten de convencerte de que está bien. La primera señal de que tu conciencia ha sido despertada es que viene a tu mente la pregunta, "¿Es correcto que yo haga esto?" Si no haces caso a esta señal, entonces empezarás a pensar en razones para santificar la actividad en cuestión.

Muchos Piensan que es Exageración los Límites Establecidos por Dios

La primera pregunta que satanás le hizo a Eva, exageraba y ridiculizaba la limitación que Dios había colocado sobre ella: *"... ¿Con que Dios os ha dicho: No comáis de todo árbol del huerto?"*

Génesis 3:1 NTV
La serpiente era el más astuto de todos los animales salvajes que el Señor Dios había hecho. Cierto día le preguntó a la mujer: —¿De veras Dios les dijo que no deben comer del fruto de ninguno de los árboles del huerto? (el árbol de la ciencia del bien y del mal).

Eva fue más allá de estas palabras al agregar, *"...ni le tocaréis..."*

Génesis 3:3 NTV
Es solo del fruto del árbol que está en medio

del huerto del que no se nos permite comer. Dios dijo: "No deben comerlo, ni siquiera tocarlo; si lo hacen, morirán".

Al ir más allá de la Palabra de Dios, se hizo vulnerable a satanás. Si el no puede lograr que niegues la Palabra de Dios, te tentará a distorsionar su significado, o agregarle restricciones que no estaban en las intenciones de Dios.

Enfoque Sensual

Al escuchar la burla de satanás, y luego su negación de la Palabra de Dios, se sembraron dudas en la mente de Eva, respecto a lo que Dios realmente había dicho, y sus razones para decirlo. Ella siguió contemplando el fruto prohibido, y empezó a codiciarlo.

Santiago 1:14-15 RVR1960
14 sino que cada uno es tentado, cuando de su propia concupiscencia es atraído y seducido.
15 Entonces la concupiscencia, después que ha concebido, da a luz el pecado; y el pecado, siendo consumado, da a luz la muerte.

Violación de la Conciencia

Eva alargó la mano, tomó el fruto y lo comió, en violación directa de la Palabra de Dios.

Si tú te encuentras esclavizado por algún hábito sensual, probablemente puedas recordar la vez que concientemente hiciste lo que en tu corazón sabías que era malo. Quizá esperabas, como Eva, el juicio inmediato de Dios, no reconociendo que ya había ocurrido la muerte espiritual, junto con la servidumbre invisible.

Romanos 6:16 RVR1960
"¿No sabéis que si os sometéis a alguien como esclavos para obedecerle, sois esclavos de aquel a quien obedecéis, sea del pecado para muerte, o sea de la obediencia para justicia?"

Cada vez que haces caso omiso de una advertencia de tu conciencia, estás violando los limites establecidos. Dios califica eso como pecado.

Génesis 3:7-8 NTV
7 En ese momento, se les abrieron los ojos, y de pronto sintieron vergüenza por su desnudez. Entonces cosieron hojas de higuera

para cubrirse. ⁸ Cuando soplaba la brisa fresca de la tarde, el hombre y su esposa oyeron al Señor Dios caminando por el huerto. Así que se escondieron del Señor Dios entre los árboles.

La culpabilidad es para la conciencia, lo que el dolor es para el sistema nervioso. La función del dolor es avisarte que está ocurriendo algún daño, y que si no efectúas algún cambio, sufrirás un daño mayor. De manera similar, la culpabilidad fue diseñada por Dios para avisarte que te estás dañando, y que tu único recurso es volverte de tu pecado y acercarte a Dios arrepentido. El pecado causa vergüenza y temor.

Génesis. 3:10 NTV

¹⁰ El hombre contestó: —Te oí caminando por el huerto, así que me escondí. Tuve miedo porque estaba desnudo.

Adán y Eva respondieron a su transgresión, uniendo hojas de higuera para cubrir su desnudez el uno ante el otro, y luego para esconderse de Dios.

La Verdadera Identidad

Estas respuestas violaron el propósito mismo de la culpabilidad, que es traer arrepentimiento, y restaurar la comunión con Él.

El arrepentimiento incompleto conduce a una compensación religiosa (al estilo de las hojas de higuera) para poder ser respetables ante los que te rodean.

CAPÍTULO 13

La Verdadera Identidad y el Destino Eterno

Tener vida como ser humano con misterios indescriptibles y tener un destino eterno de gloria o de horror inexpresable, es un peso que te puede abrumar con temor o llenarte de gloria con gozo y júbilo, que no se puede describir. Ya sea si ocurre uno o el otro depende en gran parte de que sepas o no las respuestas a las inquietudes hacia donde te encaminas.

1 Pedro 2:9 RVR1960

Mas vosotros sois linaje escogido, real sacerdocio, nación santa, pueblo adquirido por Dios, para que anunciéis las virtudes de aquel que os llamó de las tinieblas a su luz admirable.

1 Pedro 2:9 NTV

Pero ustedes no son así porque son un pueblo elegido. Son sacerdotes del Rey, una nación santa, posesión exclusiva de Dios. Por eso pueden mostrar a otros la bondad de Dios, pues él los ha llamado a salir de la oscuridad y entrar en su luz maravillosa.

La Verdadera Identidad

- ¿Quién eres?
- ¿Cómo obtuviste tu identidad?
- ¿Para qué estás aquí?

Pocas veces encontraras respuestas tan claras a estas tres preguntas como en el texto que acabas de leer, en el hallaras las evidentes respuestas de la Palabra de Dios para ti.

¿Quién Eres?

Es evidente que el Apóstol Pedro se dirige a cristianos con una identidad definida en Cristo, si esta es la razón de lo que son por medio de Él y para El. Por esta razón están aquí como cristianos.

En el texto bíblico antes mencionado se expone cinco modos de describir la identidad, contestando así la pregunta de quiénes somos.

1.- Mas vosotros sois linaje escogido.
Debes de entender que la identidad que aquí se menciona es grupal, la cual se refiere a la iglesia. Aun así, alude también al individuo, porque no se refiere a un linaje racial, el linaje escogido no es ni negro, ni blanco, ni de piel roja ni amarilla ni ninguna otra raza en

particular. El linaje escogido se trata de personas nuevas de todos los pueblos, razas, colores y culturas que por ahora son extranjeros y peregrinos en el mundo.

Versículo 11, *"Amados, os ruego como a extranjeros y peregrinos..."*

Lo que nos da la identidad no es ni el color ni la cultura sino el hecho de ser escogidos, los cristianos no son una raza definida; sino son la raza escogida, hemos sido escogidos de cada raza, sin importar a qué grupo pertenecemos. Esta es la razón porque es tan asombro y de importancia particular para cada uno de nosotros; si un "linaje escogido" porque este se compone de hombres y mujeres que se escogieron de todas las razas.

Así que la primera identidad que tenemos es la de ser escogidos. Dios nos escogió, no fue por motivo de raza, ni por otra condición, solo a Él le ha placido escogernos. ¿Quién eres? un escogido, aun te es difícil entender el por qué fue así. No había nada en ti o en mí que nos hiciera de más valor que cualquier otro ser humano. No es porque lo ganamos o lo merecíamos, es más ni tampoco porque cumplimos con ciertas condiciones o requisitos para lograrlo, es más fue establecido antes que naciéramos. Este es uno más de los misterios de la grandeza y las maravillas de la soberanía del único y verdadero Dios, esto nos debe impactar intensamente, por lo cual lo único que nos resta es caer a sus pies arrodillados en gratitud por su inmenso amor sin condiciones, el entenderlo nos debe de conducir a la fidelidad y obediencia de los propósitos establecidos sobre cada uno de aquello que han sido escogidos.

2.- Somos un pueblo adquirido.
La palabra adquirido tiene que ver con la palabra en griego /*peripoiesis*/ la cual significa, preservación, posesión y alcanzar.

Cuando nos escogió Dios, nos vio atrapados en el pecado por culpa nuestra y condenados y tuvo piedad de nosotros. No solamente fuimos escogidos; también fuimos adquiridos por El. No somos solamente el objeto de su elección, sino también de Su misericordia, para ser posesión suya o sea le pertenecemos. Aun esto lo afirma la Palabra de Dios:

Salmos 33:12 NTV
Qué alegría para la nación cuyo Dios es el Señor, cuyo pueblo él eligió como herencia.

La Verdadera Identidad y el Destino Eterno

1 Pedro 2:10 NTV
«Antes no tenían identidad como pueblo, ahora son pueblo de Dios. Antes no recibieron misericordia, ahora han recibido la misericordia de Dios»

Soy escogido y me adquirió pagando un gran precio en la cruz, me dio la gracia de Su amor, somos amado por la manifestación sin límites de su amor. Dios no nos escogió para mantenerse apartado, Él lo ha hecho para rodearnos con su gran misericordia se nos acercó para ayudarnos, perdonarnos y salvarnos. Recibimos la identidad que tenemos no en base de nuestras acciones, sino porque alguien ha actuado sobre nosotros con piedad.

3.- Pertenecemos a Dios.
Esto se expresa dos veces. Versículo 9: *"Vosotros sois pueblo adquirido para posesión de Dios"*. Versículo 10 *"vosotros en otro tiempo no erais pueblo, pero ahora sois el pueblo de Dios"*. Son escogidos por Dios; de quienes Dios manifestó gracia y favor; y el resultado de todo esto es que Dios nos ha tomado como pertenencia propia.

Ahora bien, sabemos que absolutamente todo

le pertenece a Dios. Así que en cierto sentido todos formamos parte de las posesiones de Dios. Entonces esto tiene que referirse a algo especial y por supuesto, lo es, somos la herencia de Dios, aquellos con quienes pasará la eternidad.

2 Corintios 6:16 NTV
¿Y qué clase de unión puede haber entre el templo de Dios y los ídolos? Pues nosotros somos el templo del Dios viviente. Como dijo Dios:
«Viviré en ellos
y caminaré entre ellos.
Yo seré su Dios,
y ellos serán mi pueblo.

4.- Somos llamados a Ser Santos.
"Vosotros sois nación santa".
Escogidos por Dios y ahora le pertenecemos y hemos recibido su misericordia; y por esto ya no formamos parte, ni pertenecemos al sistema de este mundo.

Fuimos apartados, existimos para El, investidos y rodeados por su santidad, por consecuencia así como Él es Santo también lo somos nosotros. Compartimos su carácter, porque él nos escogió, por piedad nos adquirió, si no eres capaz de comportarte y conducirte en esta nueva vida de un modo santo, actuaras fuera de su carácter y diseños. Actuar así contradices tu naturaleza de cristiano y niegas tu nueva identidad la cual es santidad ante el Señor, si tú y yo somos llamados a ser santos, para finalmente ser:

5. Real Sacerdocio.

Fuimos escogidos por Dios y Él nos alcanzó y ahora le pertenecemos y somos santos como El mismo santo y sacerdotes reales ante Dios. El primer punto que se destaca es que tenemos acceso inmediato y directo a Dios no es necesario tener a otro sacerdote humano como intermediario. Dios mismo ha proporcionado un Intermediario o sea un mediador entre Dios y el hombre; Jesucristo. Y, segundo, desempeñamos una función elevada y activa en la presencia de Dios. No fuimos escogidos, compadecidos, hechos posesión suya y santificados solo para pasar el tiempo sin hacer nada. Hemos sido llamados a ministrar en la presencia de Dios. Ahora cada aspecto de nuestras vidas debe ser dedica a la tarea sacerdotal. No hemos sido llamados para estar afuera de la presencia de Dios sino dentro de ella. Jamás debes encontrarte en una zona neutral, pasiva o indiferente, la vida que ahora llevas es, o bien una vida de servicio en adoración espiritual (Romanos 12:1-2), o una vida fuera de carácter.

Romanos 12:1-2 NTV

¹ Por lo tanto, amados hermanos, les ruego que entreguen su cuerpo a Dios por todo lo que él ha hecho a favor de ustedes. Que sea un sacrificio vivo y santo, la clase de sacrificio que a él le agrada. Esa es la verdadera forma de adorarlo. ² No imiten las conductas ni las costumbres de este mundo, más bien dejen que Dios los transforme en personas nuevas al cambiarles la manera de pensar. Entonces aprenderán a conocer la voluntad de Dios para ustedes, la cual es buena, agradable y perfecta.

Así que pueden ver que la pregunta sobre identidad de "¿Quién soy?"—conlleva hacer la segunda pregunta, "¿Para qué estoy aquí?"

Tu verdadera identidad en Cristo te lleva a tu verdadero destino. Recuerda que tú y yo hemos sido escogidos, compadecidos, poseídos, y santos. Todo con un propósito el de servir como sacerdotes. Y Pedro describe claramente el corazón de ese ministerio.

¿Cómo Hemos Recibido Esta Identidad?

Pero antes de contestar la pregunta de para qué estamos aquí, hagamos una pausa y respondamos la pregunta intermedia: ¿Cómo obtuvimos esta identidad?

La respuesta es evidentemente notoria, recibimos nuestra identidad de Dios mismo, de hecho la identidad es nuestra relación con El, es lo que declara Pedro todo esto en un resumen al final del versículo 9. Se refiere a Dios de este modo:

"Aquel que los llamó de las tinieblas a su luz admirable". La luz en la que vivimos es la luz de ser escogidos, compadecidos, pertenecientes, santificados y sacerdotales, llegando a ser así porque Dios nos llamó, cambiando todo espectro de tinieblas por luz resplandeciente.

Lo que quiero dar a entender es que la experiencia de caminar en la luz, de ser escogido, experimentar esa identidad es el efecto del llamado soberano de Dios, afirmando en forma seguro que El mismo nos dio la identidad que tenemos y poseemos

Reuerda que por lo tanto la identidad te conlleva a tu destino eterno, eres por lo tanto escogido, compadecido, adquirido, santo; y todo con el propósito de ser real sacerdocio. Es evidente que Pedro fue aún más específico cuando nos comunica la razón precisa de nuestra existencia. En el versículo 9 nos dice el motivo es el siguiente:

"a fin de que anunciéis las virtudes de aquel que os llamó de las tinieblas a su luz admirable".

Este es el destino de un sacerdote real, dar a conocer las glorias del rey. Hoy en la actualidad se menciona de continuo el concepto de una identidad propia. ¿Cómo te ves a ti mismo? es una pregunta importante, es importante que entiendas plenamente que el enfoque específico desde una perspectiva bíblica de esta pregunta es que la genuina identidad cristiana no se define en términos de quien eres como individuo, sino en términos de lo que Dios hace y de la relación que Él crea en ti y del destino que te ha preparado, en resumen como cristiano, no puedes hablar de tu identidad sin hablar de la acción de Dios sobre tu propia vida, la relación de Él contigo y del propósito que fue establecido para ti. Por lo tanto es evidente que si desarrollas un verdadero entendimiento bíblico acerca de la identidad propia de un cristiano llegaras a la conclusión que la misma esta radicalmente centrado en Dios y no en el hombre.

Alcanzar la identidad no es la finalidad, sino el medio para la función sacerdotal que Pedro define como la proclamación de las excelencias de aquel quien nos llamó de las tinieblas a su luz admirable.

Dios nos hizo lo que somos para que podamos proclamar la excelencia de su grandeza al escogernos; la excelencia de su gracia en apiadarse de nosotros; la excelencia de su autoridad y poder para poseernos; la excelencia de su poder y pureza en hacernos santos.

En otras palabras, él te ha dado a ti y a mí la identidad para que proclamemos su identidad y está a la vez se manifieste a través de nosotros. Dios nos hizo lo que somos para que podamos darlo a conocer. El propósito de nuestra identidad es manifestar Su identidad, la razón de ser de nuestra identidad es para que se manifieste en nosotros la excelencia de Dios.

Por lo tanto, ser cristiano es igual a dar a conocer el esplendor y majestuosidad de su gloriosa presencia, es hora que lo comiences a manifestar en cada área de tu vida a diario, cuando tus acciones muestran las excelencias de Dios, las personas escucharán con más entusiasmo, es otro modo más de decir que tu identidad es para el propósito de Dios. Dios nos hizo lo que somos para mostrarle al mundo lo que Él es y para conducirnos a una vida eterna.

Bibliografía

Biblia de Estudio Arco Iris. Versión Reina-Valera, Revisión 1960, Texto bíblico copyright© 1960, Sociedades Bíblicas en América Latina, Nashville, Tennessee, ISBN: 1-55819-555-6.

Biblia Plenitud. Versión Reina-Valera, Revisión 1960, ISBN: 089922279X, Editorial Caribe, Miami, Florida.

Strong James, LL.D, S.T.D., *Concordancia Strong Exhaustiva de la Biblia,* Editorial Caribe, Inc., Thomas Nelson, Inc., Publishers, Nashville, Tennessee - Miami, FL, EE.UU., 2002. ISBN: 0- 89922-382-6.

Vine, W.E. *Diccionario Expositivo de las Palabras del Antiguo Testamento y Nuevo Testamento.* Editorial Caribe, Inc./División Thomas Nelson, Inc., Nashville, TN. ISBN: 0-89922-495-4, 1999.

Biblia Plenitud. 1960 Reina-Valera Revisión, Copyright© 1994, Editorial Caribe, Miami, Florida. ISBN: 089922279X

Biblia Anotada por Scofield, 1960 Revisión Reina- Valera Copyright © 1987 Publicaciones Españolas. (Scofield Bible)

Keyton, Dr. Bree M., Jezebel vs. Elijah, Copyright © 2001 Black Horse Press, San Diego, California. ISBN: 9781582750521

Vine, W.E. Diccionario Expositivo de las Palabras del Antiguo Testamento y Nuevo Testamento. Editorial Caribe, Inc. /División Thomas Nelson, Inc., Nashville, TN, ISBN: 0-89922-495-4, 1999. *(Vine's Expository Dictionary of Old and New Testament Words, Thomas-Nelson, Inc.)*

La Biblia de Referencia Thompson, Versión Reina- Valera 1960 copyright © *1987 The B.B. Kirkbride Bible Company, Inc. Y Editorial Vida, Miami, FL. ISBN: 0829714448 (original The Thompson Chain Reference* © *1983 The B.B. Kirkbride Bible Company, Inc., Indianapolis, Indiana.)*

Blue Letter Bible. Sowing circle. ⟨http://blueletterbible.org⟩

Wikipedia. Wikimedia. ⟨http://www.wikipedia.org⟩

AGREGAR NUEVA TRADUCCION VIVIENTE

Otras Obras de JVH Pubications

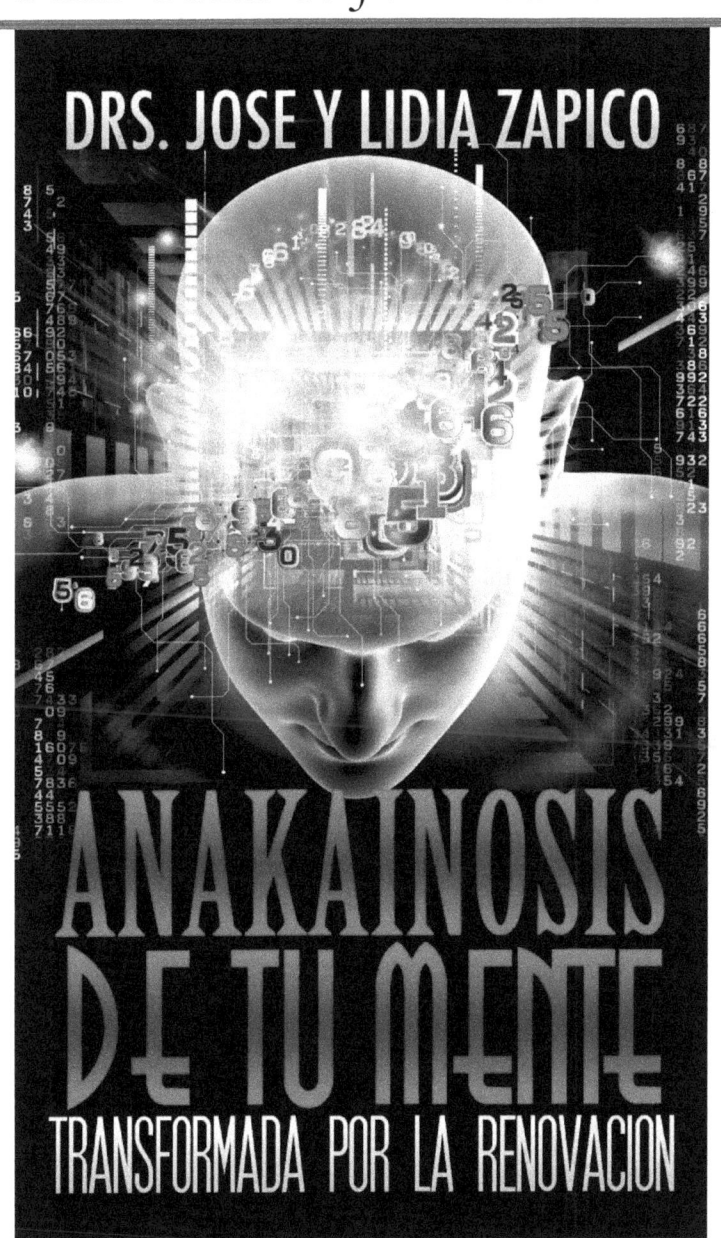

Otras Obras de JVH Pubications

Otras Obras de JVH Publications

Otras Obras de JVH Publications

Otras Obras de JVH Publications

Drs. Jose & Lidia Zapico

Maldición o Bendición

Alineándote con Dios

www.ingramcontent.com/pod-product-compliance
Lightning Source LLC
Chambersburg PA
CBHW060513100426
42743CB00009B/1298